シリーズ近江文庫
Ohmi Library

琵琶湖をめぐるスニーカー

お気楽ウォーカーのひとりごと

山田のこ
yamada noko

新評論

①菅浦に向かう入り江を歩くウォーカー
②瀬田川がこの橋の下から始まる
③船着場をあがれば大崎神社の参道
④白壁の続く町並み
(©Biwako Visitors Bureau)
⑤橋をわたれば国宝の天守閣
(©Biwako Visitors Bureau)

⑥春爛漫の八幡堀
（© 株式会社たねや）

⑦金糞峠付近より琵琶湖をのぞむ

⑧色づきはじめた日吉大社の参道

⑨多くの文人墨客に愛された浮御堂

(©Biwako Visitors Bureau)

⑩水平線に浮かぶ大鳥居

(©Biwako Visitors Bureau)

プロローグ

九月のある朝、洗濯物を干す手をとめて、ふと見あげた空に秋の気配が潜んでいた。昨日までの暑さが嘘のようなさわやかさのなかに、移りゆく季節の手触りがあった。

そうだ、琵琶湖一周をしてみよう。

思いついたまま、小さなおにぎりを二つとお茶と果物を持って外に出た。とりあえずは、北に行こう。旅人は、なぜか北をめざすものだから。

冷涼な季節は湖西を、寒い冬は湖南を、最後は桜吹雪の湖北でゴールインという大雑把な目安を立てて、その日は小野、和邇《わに》と一時間半ほど歩いた。和邇駅前の図書館でちょっと休憩をと思ったが、雑誌を見ているうちにいつの間にかうたたねをしてしまった。最近の図書館はイスの座り心地もいいし、雑誌や新聞も揃っている。目が覚めると、三〇分近くも寝ていた。これはいけない……と思いつつ、その日はあっさりと電車で帰宅してしまった。

わたしの、極楽ウォーキングはこうしてスタートした。

近江は美しい。

司馬遼太郎（一九二三〜一九六六）は『街道をゆく・湖西のみち』（朝日文庫、一九七八年）のなかで、

「『湖西はさびしおすえ』

と、去年、京都の寺で拝観料をとっている婦人がいった。そのあたりが彼女の故郷の村があるらしく、あれはもう北国どす、と言い、何か悲しい情景を思い出したらしく、せわしくまぶたを上下させた」

と、書いている。

「湖西はさびしおすえ」というたった一言で、目の前に暮れなずむ琵琶湖の茫々とした水が広がり、山々の襞《ひだ》を薄墨に染めた黄昏の比良が目に浮かんでくる。ひっそりと肩をよせあった、寂しい集落の佇まいが見えてくる。

「湖西はさびしおすえ」、なんと寂しく、やさしい言葉だろう。湖西の人のだれもかれもが、吉永小百合が演じる薄幸の美女に見えてしまう。

近江で出会う人は、田んぼのなかを行く農婦も、スーパーで働く人も、一様におっとりとやさしい。そう、荒々しいところがない。悠揚迫らない琵琶湖の水に育まれた、近

江人の特質なのかもしれない。

関東育ちのわたしは、二〇年近くを大阪で過ごした。そのころ、登山仲間と初めて五月の比良（一二一四メートル）に登った。山道を彩るスミレ、イワウチワ、ハルリンドウ、谷間を埋めるシャクナゲ、ミツバツツジ、コブシ、ヤマザクラ……それからそれへと咲き乱れる花の競演に魅せられた。

それからというもの、「月に一度は比良に登る会」と称して仲間たちとの比良詣でがはじまった。花の比良、水さわやかな渓谷の比良、紅葉の比良、雪の比良、四季折々の尽きせぬ魅力に通い続けた湖西路の佇まい、すべてに魅了された。

最初は遠いと思っていた滋賀も、通いなれれば隣の家に行くほどの距離に思えてくる。慣れるほどに、滋賀はしみじみと美しい。挙げ句の果て、とうとう比良の麓に住み着いて一二年がたってしまった。

口の悪い友人は「比良を庭にするつもりでしょう」などとからかうが、比良は大きすぎて庭にするなんてとてもとても無理。そっと、美しい自然をのぞかせてもらうだけ。

転居癖のあるわたしは、同じ場所に五年も住むと飽きてしまって、どこかもっといい場所があるのではないかと転居を繰り返してきたが、どうやら湖西はよほど相性がいいらしい。どこかに引っ越そうなどという気がまったく起きてこない。それどころか、知人たちに滋賀の住みやすさを吹聴して、「越しておいで」としきりに誘惑をするありさまだ。

沖縄の西表島から北海道の利尻島まで、登山を目的としてこれまでいろいろな所を歩いた。足を踏み入れていない都道府県はないし、美しい景色も数え切れないほど見てきた。その結果、人が住める場所で湖西ほど美しい所はないと確信している。

欲深なわたしは、ネパールやボルネオの山にまで足を延ばしている。ヒマラヤやキナバルの巨大な山のボリュームには圧倒されるが、国外の山はどこか大味で、日本の四季のようなデリケートさに欠けると思われる。箱庭といわれようと、ちまちまとしているといわれようと、日々姿を変えるデリケートさがわたしは好きだ。どうやら、わたしは立派な湖西フリークになってしまったようだ。

湖西に住むようになってからも、大阪にある勤務地まで一〇年あまり通勤をした。駅のホームから朝夕眺める琵琶湖は、毎日同じようでいて微妙に違う。その日々の移り変わりは、眺めても眺めても見飽きることがなかった。そんな日々を過ごしているうちに、滋賀の美しさの根源は比良ばかりではなく琵琶湖にあると遅まきながら気がついた。

琵琶湖がなければ比良もこれほど魅力的ではなく、比良がなければ琵琶湖もこれほど美しくはない。比良と琵琶湖は、自然が奏でるハーモニーの傑作なのだ。

そのハーモニーに支えられて暮らしてきた人々がつくりだした歴史の豊かさ、風景の美しさ、山と湖のどちらが欠けても生まれなかった湖岸の生活、その一つ一つが懐かしい記憶の糸につながってゆく。忘れられてしまった日本の心が、近江の地には色濃く残っている。

自宅から、どの方向に歩いてもたちまち史跡にぶつかる。教科書のなかでしか知らない名前、自分とは無縁だと思っていた遠い人々の残像が、親しい人のように浮かびあがってくる。古代にも、中世にも、そして近代においても多くの人々が活躍した滋賀。それらの人々の足跡を訪ねていけば、また新しい滋賀が顔を見せてくる。

夜明けの琵琶湖の美しさ、雪の比良の美しさ、たどる歴史のおもしろさ。こんな豊かな地を知らないなんてもったいなさすぎる。だれかに教えてあげたい。

「近江は美しいですよ」「琵琶湖に一度いらしゃい」と。

琵琶湖湖岸を歩きながら、いつもわたしは、ああ、この美しさをあの人に伝えたい、この人に伝えたい、と知人の顔を思い浮かべてきた。

本書を著すことで、もう一度、多くの人たちと琵琶湖の旅に出かけられるように思う。脱線ばかりの道草名人のわたしは、渚のシロチドリのようにふらふらと頼りないけれど、水先案内はまかせて！

もくじ

琵琶湖大橋。対岸に守山のビルが霞む

滋賀県全図

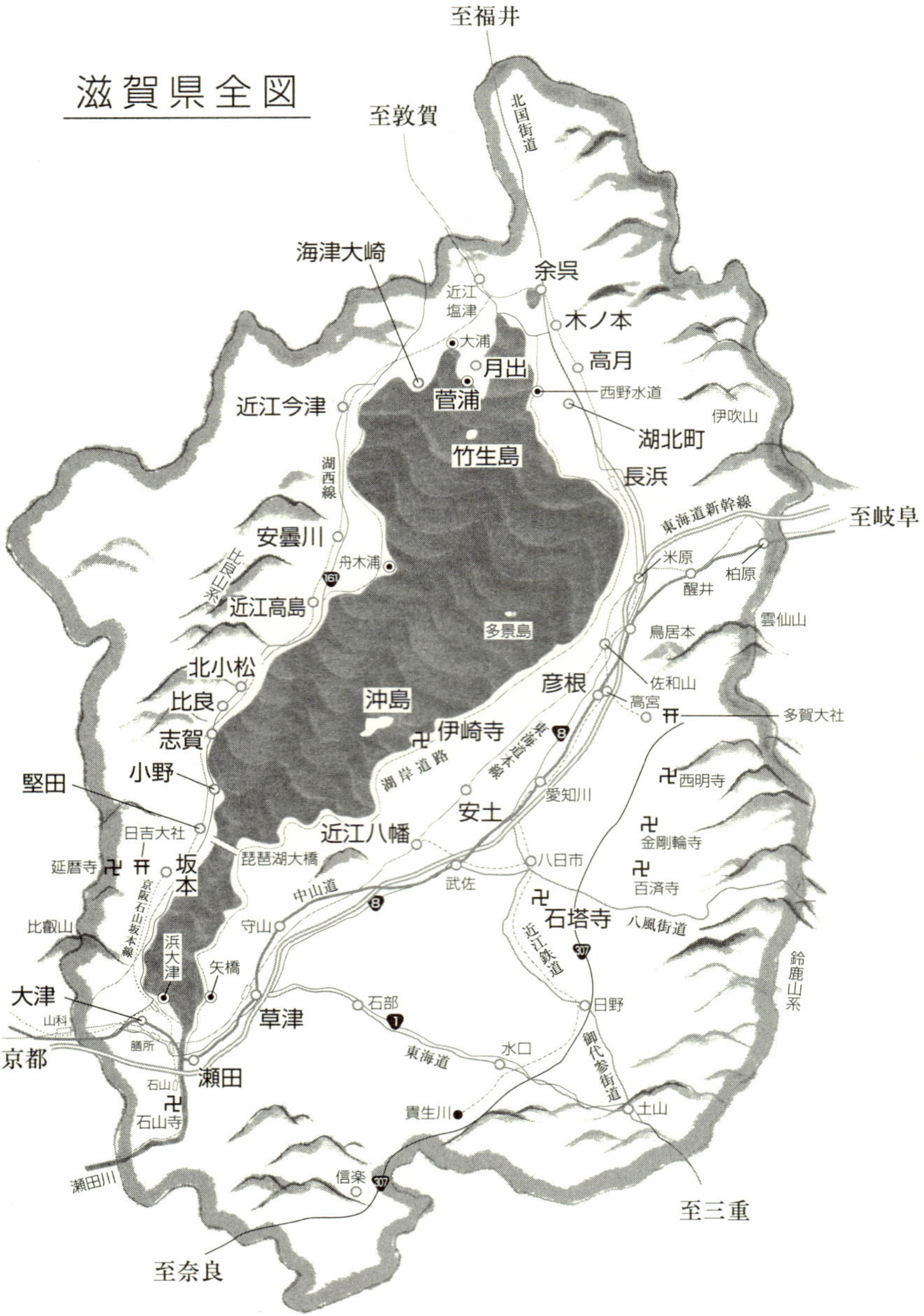
至福井
北国街道
至敦賀
海津大崎
余呉
近江塩津
木ノ本
大浦
高月
月出
菅浦
西野水道
近江今津
伊吹山
湖北町
竹生島
湖西線
長浜
東海道新幹線
至岐阜
安曇川
比良山系
舟木浦
米原
柏原
醒井
近江高島
多景島
鳥居本
雲仙山
北小松
佐和山
彦根
比良
高宮
多賀大社
沖島
志賀
伊崎寺
東海道本線
小野
湖岸道路
西明寺
堅田
安土
愛知川
日吉大社
近江八幡
金剛輪寺
延暦寺
坂本
琵琶湖大橋
八日市
京阪石山坂本線
武佐
百済寺
中山道
石塔寺
八風街道
比叡山
守山
近江鉄道
浜大津
矢橋
鈴鹿山系
大津
石部
日野
山科
草津
至京都
膳所
東海道
水口
御代参街道
瀬田
石山
石山寺
貴生川
土山
瀬田川
信楽
至三重
至奈良

琵琶湖をめぐるスニーカー

——お気楽ウォーカーのひとりごと

堅田《かたた》

夜明けの湖岸に立った。薄墨色の渚に、ひたひたと波の音がする。黎明の空は深い藍から青に変わり、明けの明星は薄雪が溶けるように消えてゆく。湖面に一筋の光の帯が走る。波はきらめき、朝日を浴びて湖が目覚める。葦の茂みのなかから鴨が泳ぎだす。湖上に浮ぶ浮御堂の向こうに、琵琶湖大橋の巨大なアーチが白く輝いている。

浮御堂は「海門山満月寺」[1]といい、臨済宗大徳寺派の禅寺だ。九九五年ころ、比叡山の僧恵心（九四二～一〇一七）が湖上の安全、民衆の救済を願って一〇〇〇体の阿弥陀仏を刻んで建立したと伝えられている。

湖上通行の要《かなめ》の地として栄えたここ堅田も、幾度となく戦乱に巻き込まれ、天災にもあった。浮御堂も、時代とともに荒廃した。

現在の浮御堂は、一九三四年の室戸台風で崩壊したあと一九三七年（昭和一二）に再建されたものだ。湖上に浮ぶ御堂に老松が影を落とし、「満月寺」という名がよく似合う。

（1） 海門山満月寺：大津市堅田1-16-18　TEL：077-572-0455

湖西随一の景勝地として、古くから文人墨客が訪れている。芭蕉（一六四四〜一六九四）がこの地を訪れたとき、次のように詠んでいる。

鎖あけて　月さし入れよ　浮御堂
比良三上　雪さしわたせ　鷺の橋

琵琶湖の喉仏のように狭くなった両岸には、富士に似た三上山（四三二メートル）と比良連山が対峙している。その二つの山に、カササギが天の川に翼の橋を架けるように、白鷺よ、美しい橋を架けよ、と芭蕉は詠んだのだ。それから三〇〇年、一九六四年（昭和三九）九月に大鳥が翼を広げたような白い美しい橋

現在はコンクリートの橋脚に支えられている浮御堂

が架かった。この橋により、湖西と湖東が結ばれた。

全長一四〇〇メートルを超える橋のてっぺんの歩道脇に展望テラスがある。このテラスからは、目の前いっぱいに壮大な琵琶湖が広がる。ここから眺める雪の比良は絶好の撮影スポットだ。

遠くに伊吹山（一三七七メートル）が見え、鈴鹿の霊仙山が光る。赤坂、箱館の湖北の山々が霞む。水は青くさざ波を寄せ、沖島は黒く沈む。橋上から見る日の出は絶景としか言いようがない。

滋賀はつくづく湖《うみ》の国である。その湖の水運、漁業権を一手に握って栄えたのが「湖族」

蓮如上人ゆかりの本福寺

とも呼ばれる堅田衆(2)だ。

琵琶湖の一番細くなった所にある堅田は、湖上を通過する船から通行税を徴収するためには絶好の位置であった。それだけでなく、「上乗り」と称して湖上の用心棒代も徴集していた。通行する船から上がる莫大な収益をめぐって、比叡山との争いもあった。

衰退した本願寺中興の祖といわれる蓮如上人(一四一五〜一四九九)は、比叡山の圧力を逃れて本福寺(3)に身を寄せた。蓮如上人と堅田衆が手を結んで比叡山からの圧力と戦かったのも、背景に「堅田千軒」と繁昌振りをうたわれた財力があったからだ。「湖族」という呼び名を海賊のようだと嫌う人がいるように、実際、そんな側面があったにちがいない。

しかし、比叡山の荒法師も半端でなかった。後白河法皇(一一二七〜一一九二)が「ままならぬものは鴨川の水と荒法師」と嘆いている。また、既在の権威を嫌う織田信長(一五三四〜一五八二)が比叡山を攻めて滅ぼしきれなかったほどの強力な比叡山に堅田衆はさすがに勝てず、一四六八年の堅田大攻めで町は灰燼《かいじん》に帰して一時沖島に逃げのびた。その後、比叡山に詫び料を払って和解をしている。

蓮如は福井に去った。しかし、蓮如上人と堅田の結びつきは深く、今も三月になると

(2) 堅田衆:中世以後、この辺りは「堅田三方」(のちに一つ増加)といわれる三つの惣組織が形成され、殿原衆(地侍)と全人衆(商工業者・周辺農民)からなる堅田衆によって自治が行われてきた。

町のあちこちに「蓮如忌」ののぼりが揚がる。

白壁に囲まれた本福寺の山門をくぐると、石畳の参道を松の枝が覆っている。緑の傘の下に入ったような見事な枝振りだが、あまりにも厳かな境内に立ち入るのはどうも気後れがして、なぜかわたしはすぐに退散してしまう。日頃の軽率な行いに問題があるのかしら……。

本福寺から琵琶湖大橋に向かって二〇分ほど歩くと、堅田内湖《ないこ》で淡水真珠の養殖(4)をしていた。その養殖用の竹竿が湖面いっぱいに突き刺してあった。

「いつか、飛び切り大きいのをゲットするぞー」

と言うと、友人たちは「どうやって？　夜中に潜るの？　ついでにわたしのもね」などと、とんでもないことを言ってくる。

「お金を貯めて買うに決まっているでしょう！」

こんなことを言われてしまうのも、わたしのいたらぬ行いのせいかもしれない。身も口も慎まなければならない。

（3）　夕陽山本福寺：大津市本堅田1−22−30　TEL：077−572−0044。1300年代に創建された浄土真宗本願寺派の寺。
（4）　淡水真珠養殖：堅田内湖では、1965年に生産が開始された。

堅田港まで歩くと造船所が見えてくる。この造船所で、最後の丸子船が修理されて二〇〇三年に観光船としてよみがえった。修理にあたったのは、当時九〇歳の、丸子船の最後の船大工さんとその保存会の人々だ。

最盛期の江戸中期には大小さまざま一四〇〇艘もあったといわれる丸子船も、一九五〇年ごろにはほとんど姿を消し、今では船を漕ぐことのできる人も修理ができる後継者もいない。

おっちょこちょいのわたしは、その話を聞いたとたん「乗りたい、乗りたい」と叫んだ。

「丸子船といってもエンジンを積んでいるんだよ。もう、手漕ぎなんて無理無理。船は小さいから波のある日はかなりゆれるよ」

「うわー、酔いそう」

「たぶんね」

それに、船はグループでチャーターされたときしか動かないので希望者を募らなければならない。わたしの意気込みは、あっけなく萎《しぼ》んでしまった。

港の護岸下で、おじいさんが魚網の修理をしていた。潮のにおいこそしないが、琵琶湖はやはりウミだった。淡水の淡い海、そう淡海だ。近江とは、都に近い海という意味だそうだ。

堅田の外れ、琵琶湖大橋のたもとに匂当内侍《こうとうのないし》(5)を祀った小さなお宮がある。新田義貞(一三〇一〜一三三八)は、足利尊氏(一三〇五〜一三五八)に敗れて都を落ちてきた。後醍醐天皇(一二八八〜一三三九・第九六代)から賜った愛妻の匂当内侍と堅田で別れ、越前にのがれたのち福井で討死をした。

義貞討死の知らせを聞いて悲しんだ内侍は、琵琶湖に身を投げたという。憐れんだ村人がここに小さなお宮を建て、今も大切にお守りしている。小さな社のうしろに、子どもの背丈ほどのしめ縄を張った墓石がある。

『太平記』では、匂当内侍は、その後、嵯峨野に庵を結んで晩年を過ごしたとなっている。また、新田氏の出身地である群馬県太田市郊外にも匂当内侍の墓がある。七〇〇年の時をへた今、真相はどうあれ、やさしい村人の言い伝えを素直に信じよう。

毎年、一〇月八日、小さな祭りが執り行われて鳥居と墓のしめ縄が新しくされる。

(5) 匂当内侍:『太平記』に出てくる女性。後醍醐天皇の愛妾、のちに新田義貞の妻となった。

堅田は人情のやさしい町だ。あるとき、こんなことがあった。駅前の信号まで行くと、小雨がぱらつきだした。あいにく傘を持っていなかったわたしは、雨のなかで信号待ちをしていた。すると、急に雨がかからなくなった。振り返ると、中年の女性が私に傘を差しかけてくれていて、ニッコリと笑っていた。わたしも、微笑んで軽く頭を下げた。信号が変わるとわたしたちは、会釈をして、それぞれの方向に歩みをすすめた。

言葉を交わすわけでもなく、ただニッコリと微笑みあっただけだが、幸せな気分がいっぱいに満ちてきた。こんなさりげないやさしさに出会ったことがない。わたしも、このときのお礼にだれかに傘を差しかけよう。

こんなやさしい町から、琵琶湖をめぐる旅がはじまった。

小野《おの》

堅田から、琵琶湖の湖岸沿いに北上することはできない。浜のほとんどは、ヨットハーバーや保養施設の私有地となっている。琵琶湖一周ウォークをしようと思えば、しばらくは交通量の激しい国道を歩くことになってしまう。それを嫌って、わたしはＪＲの高架下を歩いた。

全線高架となっている湖西線の下は、交通量の少ない細い道が続いている。遠く比良の峰を仰ぎながら田畑と新興住宅地の混じる道を行くと、四〇分ほどで小野駅に着いた。

住宅公団が大々的に宅地開発して売り出した小野駅前の広場には街路樹が植わり、こぎれいな造りとなっている。しかし、街は思うように発展しなかったようで、駅前にある商店の大半がシャッターを下ろして閑散としている。

小野は、遣隋使小野妹子（生没不詳）をはじめとする小野一族の地だ。小学校の教科書で女と間違えられて、「いもこだって。へんな名前」と悪童たちが妙に張り切ったあの人だ。遠い幻の人が、いっぺんに血肉をもった人になった。ついでに、懐かしい学校風景もよみがえってきた。

木っ端のように頼りない船で荒波の日本海を越えていった遣隋使（六〇七年）、「日出る国の天子より、日没するところの天子へ」という壮大な国書を携えていった妹子に、隋の煬帝《ようだい》（五六九〜六一八）は「蛮夷の書、無礼なるあり」と、失礼なことを言ってくる者の話など聞きたくもないと不快感をあらわにした。

どこでも、太陽は東から昇り西に沈む。随の都でも、さらに遠い西の地に太陽は沈む。なにも、日本からだけ日が昇るわけではない、ものの道理がわからない未開の国だと思ったらしい。「もっと、いろいろなことを教えてやれ」とも言ったという。

煬帝は冷酷な暴君として名高く、「ミカド」という称号にふさわしくない。そのため、「テイ」と読まずに「ダイ」と呼ばれている、中国史上でもトップクラスの悪名高い皇帝である。よくまあ、逆鱗《げきりん》に触れずに帰ってきたものだと感心する。

わたしの小学校時代の先生は、「大国に遅れをとらない堂々とした態度」と胸を張って授業をしていたが、考えてみればやはり失礼な話だ。日本の外交下手は、そのころからすでにあったのかもしれない。

あまの原　ふりさけ見れば　かすがなる　三笠の山に　いでし月かも

痛切な望郷の歌を詠みながらついに帰れなかった阿倍仲麻呂（六九八～七七〇）。大半が仲麻呂のように二度と故郷の地を踏むことのできなかった過酷な旅を、とにもかくにも成し遂げて妹子は日本に帰ってきた。そして、ふるさとの唐臼山古墳に静かに眠っている。

さざなみの　しがのおおわだ　よどむとも　むかしのひとに　またあわめやも

柿本人麻呂（六六〇頃～七二〇頃）が一四〇〇年前に詠んだこの歌は、今も琵琶湖の波にゆれて妹子の墓にささやいている。

妹子公園を北に行き、小学校の前を過ぎて小野道風神社[1]に行った。古墳と史跡だらけのこのあたりは、探索コースとして道標も完備しているので歴史散歩もなかなか楽しい。石段前にゲートボールができる広場があった。ベンチもトイレもあるので、持参した

（1）　小野道風神社：大津市小野1213。棟札の写しが残っており、1338年（暦応４）の建立であることがはっきりしている。

クラッカーとお茶で一休みした。湖西線の向こうに三上山（四三二メートル）が見え、琵琶湖が光っている。展望に恵まれたゲートボール場だ。琵琶湖が一番くびれているこのあたりは、対岸に守山のマンション群も見える。

「ほら、あの茶色のマンションの隣が、早咲きの菜の花の咲く所よ」

「えーっ？　なんで？　えっ」

方向音痴の友人は、頭のなかがパニックになっている。狂ったナビゲーターが体勢を立て直そうと必死に画面を変えているみたいだ。頭のなかの小さな画面に一本の道路が延びて、あっちへ行ったり、こっちへ曲がったりと、回路の正常化にやっきになっているようだ。

「あれが琵琶湖大橋でしょう。あれを渡って、こう曲がって行ったら、あそこに見えるマンションがあったじゃない」

まだ納得できていない……目が宙を走っている。ナビに頼るのもいいけれど、自らの方向感覚もきたえなきゃあ。タカやトンビとはいわないけれど、せめて琵琶湖のユリカモメになって鳥瞰図《ちょうかんず》くらい描けなければ方向音痴はなおらないわよ、と思う。

でも、友人は飛行機嫌いだった。鳥瞰図なんて気絶科目に分類されている。とうてい無理な話をもちだしたわたしが悪かった。

でも、あそこが菜の花畑よ。また、見に行こうね――。


石段を上ると、人気《ひとけ》のない境内に重要文化財となっている立派な社があった。棟札銘《むなふだめい》によると一三四一年の建立らしいから、七〇〇年近い歳月がたっている。

本殿の立派さより、わたしは木の寿命に驚いてしまう。樹木として生きた年月、建築物として永らえた年月、計り知れない時を生きる木に、わたしは素直に敬服してしまう。

社務所か倉庫か、本殿より大きな建物が階段脇に立っていた。その建物の壁に縁起が書いてあった。花札の絵柄でおなじみの伝承に

国の重要文化財となっている小野道風神社

よると、小野道風（八九四～九六七）は柳の枝に何度も飛びつこうとするカエルを見て一念発起し、書に励み、ついに藤原佐理《すけまさ》（九四四～九九八）、藤原行成（九七二～一〇二八）とともに「三蹟」と讃えられる書の達人となった。

ミミズがあちらこちらに這いだしたような字を書くわたしには、耳の痛い話だ。幸いパソコンという武器を手に入れたので、今は悪筆もさほど気にならなくなった。「努力」なんていう字は押入れに突っ込んだままのわたしには、いくらお参りをしてもご利益は望めそうにない。こういう所は早々に失礼しよう。

社殿の脇から雑木林のなかに入った。道はしっかりしているが、蜘蛛の巣が張っていて一人で歩くには少し心細い。こんなとき、犬といっしょに歩いたら心強いだろうな……朝夕の犬の散歩にはちょうどいい道だった。

雑木林はいつのまにか竹藪になり、そこを抜けると村に出た。村の細道は入り組んでいて、民家の庭に入ってしまったり、行き止まりだったりで、よそ者には歩けない。いったんバス道に出て、小野神社(2)に向かった。天足彦国押人命《アマタラシヒコクニオシヒトノミコト》と米餅搗大使命《シトギツキオオカミヌシノミコト》という、舌を噛むような名前の神様を小野妹子が祀った小野一族の神社だ。名前からもわか

（2）　小野神社・小野篁神社：大津市小野1961。神域は約30,300㎡。木々が茂って風致に富み、神明造りの社殿が静かな佇まいを見せている。社宝に、平安末期の大般若経600巻がある。

小　野

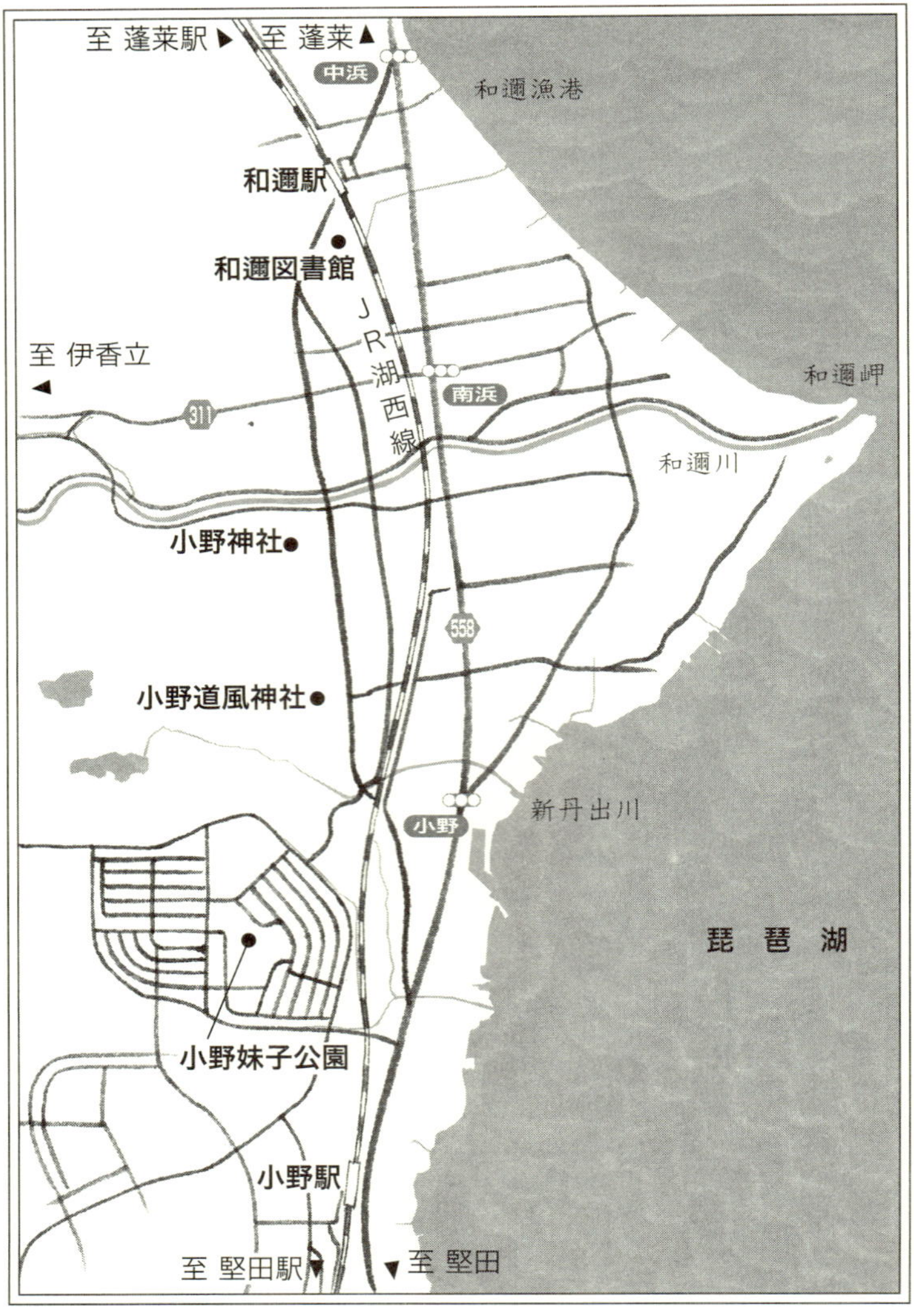
至 蓬莱駅
至 蓬莱
中浜
和邇漁港
和邇駅
和邇図書館
JR湖西線
至 伊香立
311
南浜
和邇岬
和邇川
小野神社
558
小野道風神社
新丹出川
小野
琵　琶　湖
小野妹子公園
小野駅
至 堅田駅
至 堅田

るように、米餅搗大使命は初めてお餅つきをしたというお餅とお菓子の神様である。

日本は八百万《やおよろず》の神の国だが、お餅とお菓子の神様がいるとは知らなかった。しかし、よく考えてみれば、お餅は古来より神に捧げる神聖な食べ物だ。それなら、お餅の神様がいても当然だ。でも、今の生活感覚なら、お菓子といえばクッキーやチョコレートといった「スイーツ」と呼ばれる洋菓子を連想してしまって、日本の神様とお菓子はどうもしっくりとこない。神社に、お菓子はかわいすぎる。

本殿前の狛犬の奥に、御影石だろうか立派な石でできた鏡餅が一対お供えしてあった。

一一月二日、シトギ祭りが行われて全国か

小野氏の祖神を祀る小野神社

らお菓子屋さんが集まるらしい。お菓子屋さんのお祭りなら行かなければ……ご利益があるかも、と食い意地卑しい下心を隠して二か月後に再び友人と出かけた。

ところが、境内には人どころか猫の子も犬の子もいない。社務所は堅く戸を閉ざして、しめ縄一つ張り替えていない。

写真で見たお祭りの風景はどこにもなかった。社務所の壁に張り出された行事一覧にも「一一月二日　シトギ祭り」とはっきり書いてある。もう昼近い時間だ。何らかの準備ぐらいはしていなければおかしい。

「なんということ。神主さあ～ん、どこに行ったのー」

キツネにつままれたような気分で、友人は石の鏡餅をなで回していた。

小野神社の社殿と並んで、重要文化財の小野篁神社があった。小野篁《たかむら》(八〇二～八五三)は、その役職から「参議篁」ともいわれ、前述した小野道風の祖父にあたる人だ。

わたの原　八十島かけて　漕ぎ出ぬと　人には告げよ　あまの釣り舟

という百人一首で知られている。若いときは乗馬ばかりしているスポーツマンだったようだが、やがて学問に励んで参議(3)という高位な役職に就き、学者としても名を成した。小野一族は、どうやら努力家の血筋らしい。努力というものは押し入れに入れっぱなしのわたしには、ますます居心地が悪くなってきた。早々に退散して、和邇《わに》川を越えて駅に向かった。

駅前に、レンガ造りのステキな図書館があった。休憩を兼ねて閲覧室で雑誌を読んでいると、心地よい疲れに二人ともウトウトと眠ってしまった。やっぱりわたしたちには、勤勉努力の神々のご利益は無縁らしい。

(3)　参議：律令時代の事務官の役職。中納言に次ぐ官で、四等官の中の次官《すけ》に相当する。

志《し》賀《が》

「さざなみの志賀」と歌われてきた。万葉の時代より多くの歌人が志賀の風光を歌ってきたが、この浜を歩いていると、わたしはいつの間にか『琵琶湖周航の歌』を口ずさんでしまう。

♪　われは湖の子　さす～らぁいの～

心はいっぱしの旅人だ。

弓状に大きく弧を描いた湖の対岸に沖島が見える。うしろに重なるようにあるのは近江八幡の山々だ。大きく広がる景色のなかを、荒い砂を踏んで歩いていく。振り返ると、今、自分がつけてきた足跡が一筋の線となって続いている。その足跡の上に比叡山（八四八メートル）が高い。

♪　志賀の都よ　いざさらば〜

琵琶湖は彷徨《さまよ》う心のよりどころ。衝立のような比良の雪解け水が運んできた岩屑、その荒い砂屑がつくった真っ白な浜、比良がこの澄んだ湖水を支えている。比良あっての琵琶湖、琵琶湖あっての比良……山と湖が響きあう地が湖西。

水泳客で賑わった浜も、さすがに九月に入ると静けさを取り戻し、家族連れや犬の散歩をしている人たちがまばらに戯れているだけだ。

波打ち際に小魚の群れが押し寄せていた。異常に夥《おびただ》しい数だ。波打ち際に、黒い水草が大量に流れ着いたように見える。引いてい

志賀町柳浜より見る沖島（左）と津田山

く波に取り残されて、砂浜を銀色に跳ねるドジな魚もいる。

あまりにもウジャウジャいるので、見ているうちに気持ち悪くなってきた。網でもあればすくい放題に思えるが、魚もそんなにバカではない。人が近づくか近づかないうちにカーテンを開けるようにすーっと沖に遠ざかっていく。振り向けば、七、八メートルあとにまた押し寄せている。どこまで歩いても一五メートル以内に魚は近づかない。腹立たしいほど見事な逃げっぷりだ。後日、漁師さんに尋ねてみた。

「ああ、それは鮎だろう。琵琶湖の鮎は小さいよ。魚は音には敏感だからね。浜辺を歩く足音がすれば、あっという間に逃げちゃうよ」と、教えてくれた。

外来魚や環境悪化のせいで湖魚の漁獲高が激減していると聞いたが、まだこんなにも鮎がいるのだ。琵琶湖は、どれほど豊かな湖だったのだろうか。

琵琶湖は呼吸をしている。ゆっくりと一年に一呼吸、そのゆっくりとした呼吸は地球の息吹きそのものだ。真冬の冷えた湖面の水は、たっぷりと酸素を含んで湖底に沈む。そして、湖底の酸素の少ない水が上に上がってくる。深い湖底にこうして酸素が供給されるのだが、その循環が温暖化の影響でうまくいかない。酸欠になった湖底は死に瀕している。

（1）　樹下神社：大津市木戸680-1　TEL：077-592-1295。日吉大社摂社の樹下神社は県内に多数あり、志賀町内にも数社ある。

滋賀県では、琵琶湖を「母なる湖《うみ》」と呼び、環境保全のキャンペーンをしている。その母が永遠に美しい湖でいられるために、わたしたちは決断を迫られている。地球温暖化は、思わぬところでじわじわと身近なものとなっている。「♪　さざなみの志賀の都よ　いざさらば～」は、歌のなかだけにしておきたい。

志賀駅を少し蓬莱方面に引き返すと、浜から比良に向かって真っ直ぐな坂道が延びている。国道の手前に一つと、渡った所にも二つ目の大鳥居が立っている。その道の行き止まりに、鎮守の森に囲まれた樹下神社[1]がある。比叡山日吉大社[2]の八王子宮が、一八六九年（明治二）に「樹下神社」と改名された。高原の涼しげな風を連想する名前だが、読み方は「ジュゲ」である。

広い境内をもつ大きなお宮で、本殿の前に立派な拝殿をもっている。拝殿の隅にリュックを下ろしてひと息入れた。境内の倉には、重要文化財となっている二五〇年前の御神輿が収納されている。この倉は、五月五日のお祭りのときに開けられて、金網越しに御神輿が公開されている。

どっしりとした御神輿は歳月に磨かれたのか金箔の輝きが少しくすんでいる。黒と金

（2）　日吉大社：大津市坂本5-1-1　TEL：077-578-0009。全国に3,800ある分霊社の総本社。

の、シンプルに感じる装飾はどこかシックだ。

前年の五月五日、比良から下山したとき、たまたまこのお祭りに出合った。境内には五台の御神輿が並んでいた。いつ通ってもほとんど人を見かけない静かな村に五台の御神輿を担ぐほどの人手があるのかしらと、まったくおせっかいな心配をしたが、さすがはお祭りの日だ。いったいどこからこんなに……と思うほどの人が境内に集まっていた。

境内だけでなく、道まで見物人の山だ。ふと見ると、植え込みの陰で真っ赤になって酔いつぶれている担ぎ手のお兄さんがいた。あらあら、御神輿はこれからだというのに……。酔いつぶれても、お祭りに参加したうちなのだろう。

比良山地を望む志賀の里

一台目の御神輿が神前を練り歩いたあと石段を下った。鳥居をくぐって道路に出ると、右に左にと威勢よく練り歩いていく。真っ白な締め込みのお兄さんのお尻が躍動している。締め込みが恥ずかしいのか、さらしのパンツの上から締め込みをしている若者もけっこういた。紋付袴姿の世話役が御神輿の周りを飛び歩いている。見物人がにわかカメラマンになって、あちらこちらからシャッター音を響かせてくる。だれもかれもが立派なカメラを持っている。でも、携帯カメラの人も多く、カメラの世界も二極化しているようだ。

正統派の、由緒正しい日本の村祭りだと思ったのもつかのま、一〇分ほどすると神社の路地に停まっていたトラックがスルスルと出てきた。荷台に紅白の幕が張りめぐらされているトラックが鳥居の前で停まった。御神輿がしずしずとトラックに積み込まれてしまった。次の御神輿も、そのまた次の御神輿も……。結局、五台の御神輿は鳥居前で少し揉まれただけだった。坂の下に琵琶湖が見える大きな石灯籠のある広場に「お旅《たび》所《しょ》」[3]があるが、そこまでトラックで御神輿を運んでいくのだ。

「あーら、なんと楽ちんな」

「あれだけの距離なのに」

（3）　お旅所：神社の祭礼のお神輿が休憩する場所。

と、友人と二人、あんぐりと口を開けた。

後日、宮司さんにお話を聞く機会があった。人手はあるが、今の若者は肩がもたないらしい。普通、御神輿は九〇〇キロほどの重さがある。それを新しく八〇〇キロに軽量化してつくっても、同じ人数で担げないらしい。生活様式がすっかり変わり、御神輿を担ぐ体力もなくなってしまったということか。

わたしだって肉体労働はしんどい。「今の若者は……」なんてとても言えないけれど、「でも、なんだかトラックに乗った御神輿なんて味気ないなぁー、淋しいなぁー」と、いちおう一人前の感想を言ってみる。

打ち明ければ、わたしは子どものころ、町内を練り歩く御神輿が恐かった。溝に落ちそうになり、押されたほうが溝の端に足を掛けて踏ん張って押し戻す。クリカラ紋々のおじさんが、もろ肌脱いで御神輿の上で大うちわを振っている。勢いあまった御神輿が通りの家のガラス戸を突き破る。

子ども心に感じた恐怖心がトラウマになっているのか、わたしは御神輿が嫌いなのだ。荒々しいお祭りが嫌いなのだ。おとなしい樹下神社の御神輿は、祭り気分だけを味わえるわたし好みのお祭りかもしれない。

比《ひ》良《ら》

比良駅に電車が着くと、大勢の登山客が階段を駆け下りてくる。休日には、ロープウェイ乗り場まで臨時バスも出ている。満員のバスを横目にロープウェイ乗り場まで歩くと、すでに長蛇の列となっていた。

「おじさん、商売繁盛でいいわね」と、乗客の整理をしている係員に声をかけた。

「乗ってくれなきゃ儲からないよう」

「だって、貧乏だもの。ロープウェイ代がないのよ」

冗談を言いながら列の脇を通りすぎて、カラ岳（一〇三〇メートル）に登りはじめた。急な登りを二時間かけて山頂に着くと、視界が一気に開けた。目の前に、比良連山の主峰である武奈ヶ岳（一二一四メートル）がそびえている。

カラ岳から主尾根を北にたどる稜線は「リトル比良」と呼ばれ、近江高島に向けて高度を下げてゆく。言うまでもなく、展望はすばらしい。琵琶湖を眼下に眺め、鈴鹿、伊吹、湖北、あるいは若狭との国境である若丹尾根の山々が連なる。冬晴れの日なら、岐阜の山の上に真っ白な加賀白山がそびえる。

翼があれば、白山まではほんのひとっ飛びだ。白山はあんなに近かったかしらと、思いがけない距離に驚きながらたおやかな峰を道づれに歩くと心が弾む。

ロープウェイを利用するハイカーの大半は武奈ヶ岳をめざしている。好天の日、ロープウェイの山頂駅は大変な賑わいとなる。

一見して繁盛しているように見えたのは行楽シーズンだけだったのか。それからまもなくして、経営不振のためロープウェイが廃止されるというニュースが流れ、二〇〇四年（平成一六）三月にとうとう廃止となった。ＪＲ比良駅には新快速電車が停まらなくなり、登山口まで行くバスも廃止された。閑散とした田んぼのなかを、わずかな登山者が道を急いでいる。

「乗ってくれないと儲からないよう」と言っていた、あのおじさんはどうしているだろう。どこかで元気に働いているのだろうか。登山者が減って淋しくなった道を歩いていると、老人といってもいいあのおじさんの声を思い出す。

それほど高いというわけでもないが、それでも一〇〇〇メートルを超す峰が八座。二五キロメートルにわたって屏風のように連なる比良は、若狭からの雪雲をせきとめて比良に二メートルを超す雪を降らす。

豊富な雪は、至る所で沢をつくって滝をかける。「日本の滝一〇〇選」にも選ばれた八淵の滝をはじめとして、白滝、夫婦滝、隠滝など数々の滝がある。水量の豊富なときだけ遠望できる幻の滝というのもある。それらの水は山の滋養を溶かし、すべてが琵琶湖に注がれる。雪は五月の連休になっても谷筋に白く残り、ようやく萌えだした木々の間をコガラの群れがさえずりわたり、コブシの花が白く谷を埋める。

ロープウェイの駅近くに「シャクナゲ尾根」と呼ばれる群生地がある。比良は、谷や尾根の至る所に滋賀の県花であるホンシャクナゲが群生する山だが、尾根の名前にシャクナゲがつくだけあって、ここはシャクナゲのジャングルのようになる。

井上靖（一九〇七〜一九九一）が『比良のシャクナゲ』（新潮社、「井上靖全集第2巻」一九九五年）のなかで「絶望と孤独の日、必ずや自分はこの山に登るであろう」と書いているのは、この尾根のことではないかとわたしは密かに思っている。薄紅色のシャクナゲの花の間から青い湖がこぼれるように見えるとき、ああ、やっぱりここにちがいないと、わたしは確信する。

足をすくう根、顔を叩く枝。両手で掻き分けるように歩いていくシャクナゲジャングル。蕾は濃い紅。膨らむほどに色は薄くなり、やがて甘いピンクの花が咲く。とりどりに色を競う美しさに足が止まる。花の季節のハイキングは、時間ばかりがたってゆく。

シャクナゲ尾根を通り抜けると金糞峠に出る。深いV字谷のはるか下に琵琶湖が見える。あたりはイワウチワの大群落だ。一〇センチほどの草丈に、小ぶりのアサガオほどの花が咲く。行けども行けども山肌を埋め尽くす花はシャクナゲ色。フリルのついた花びらは、まるで村娘のエプロンだ。女王シャクナゲと村娘イワウチワは、それぞれの思いのたけだ

金糞峠から見下ろす琵琶湖。沖島と津田山が見える
（写真提供：同行の友人）

け咲き乱れ、決して争わない。

金糞峠を乗り越して、八雲が原湿原から武奈ヶ岳に登ってみた。樹齢数百年の大杉が道のあちこちに生えている。

「わしは、こういう大きな木には絶対に神様が宿っていると思うねん」と、山友達の老人は大木を見かけるといつも帽子を取り、深く祈りを捧げる。大木には人を敬虔な気持ちにさせる力がある。自然を身近に感じて生きてきた人は、自然の力に対して謙虚に頭を下げる。

あたりを睥睨《へいげい》する武奈ヶ岳の山頂は風が強い。そして、いつも登山者で賑わっている。ススキの原の西南尾根から御殿山（一〇九七メートル）を下ると朽木明王院(1)に着く。ただし、明王院に下るとバスが少ないので明王院から登るほうが無難である。

明王院は、比叡山千日回峰の創始者である相応（八三一～九一八）の開基と伝えられている。相応が明王谷にかかかる豪快な三の滝で修行をしているとき、水底に不動明王の像が現れて、滝壺に飛び込んですくい取ったと伝わっている。その故事にちなんで、暗闇で大太鼓をグルグル回し、その太鼓の上から行者が飛び下りるという太鼓回しの奇祭が毎年七月に行われている。

（1）　朽木明王院：大津市葛川坊村町155　TEL：077-599-2372。『葛川縁起』（鎌倉時代前期）や相応の伝記『天台南山無動寺建立和尚伝』（10世紀頃）によれば、859年（貞観元年）に開かれた修行道場。

滴るような緑のなかの赤い三宝橋、そして赤いお堂。明王院は、色のコントラストの美しい寺だ。足利家の信仰もあつく、足利義政の妻、日野富子（一四四〇〜一四九六）も何度か参詣している。

比叡山回峰行の霊場になり、僧たちが大原を越えてやって来た。僧たちは、花折峠でお供えのシキビをとったという。「花折れ」の花はシキビのことだという。美しい野の花の伝説を想像していたのに、花ではなくシキビとはちょっとがっかりな話だ。

現在の花折峠は、トンネルができて、あっというまに通過してしまう。もう、登山者以外に歩く人もいない。明王院にお供えするシキビも採り尽くされて、薄暗い杉林のなかに湿っぽい道がゆっくりと山に登っているだけだ。

重畳と重なる朽木の山間《やまあい》には迷路のように道が走り、小さな集落が点々とある。雪のころは道路でよく鹿を見かけるが、さすがに凍った道では鹿も滑って颯爽《さっそう》と走れない。ある日出会った鹿は、いやにのんびりと走っていた。いや、走りたくても滑って走れないのだ。仕方がないから車を徐行してついていった。ようやく山側の側壁に切れ目があって、鹿はホッとしたように飛び込んだが、雪の吹き溜まりで肩までもぐってしまってなかなか這い上がれない。

「へたくそ!」「ドジ!」と、わたしたちは暖かい車内で大笑いをしながら見物していたが、鹿は自らの寿命が何年分も縮んでしまったことだろう。

「夜になると、檻のない動物園みたいなもんです。鹿は出るわ、熊は出るわ、狸は出るわ」と、道の駅の職員が笑っていた。


山と山の狭間の村は、山に阻まれて日の出が遅く、日の入りが早い。

「淋しくって」と、町に出てきた知人が言う。朽木出身の同僚は、「あの静けさに頭が痛くなる」と言ってめったに実家に帰らない。

ここでの生活は本当に大変だ。比良の蛇谷ヶ峰から下山して、ゆっくり温泉につかり、楽しかった山路を思い起こしているのがわたしにはちょうどいい。

北《きた》小松《こまつ》

琵琶湖の周りには「内湖《ないこ》」と呼ばれる沼が点在している。どのようにして内湖になったのかは沼によって違うらしいが、そのどれもが琵琶湖と深くかかわっている。

雄松崎にある舞子内湖は、比良の尾根から見るとほぼ四角形をしており巨大なプールのようだ。内湖の周りはベンチやトイレが完備されおり、釣り人がいつも集まっている。竿の届かない、対岸の葦の間にシラサギが舞っている。

雄松崎は、神戸市近くの舞子浜の美しさに因んで「近江舞子」と呼ばれるようになった。本家の舞子は都市化の波にのまれてすっかり景観を失ってしまったが、近江舞子は健在だ。これも近くに大都市がないのが幸いしていると思っていたら、駅裏の山林が切り払われ、あれよあれよというまに建売住宅が並んだ。田舎だからといって、開発の波は容赦がない。

しかし、ここにはまだ見事な松林が残っている。波の向こうに、近江八幡の津田山(四二五メートル)が見える。その津田山に重なるように沖島が浮んでいる。こちら側から見ると、どこまでが島でどこから陸なのかが判然としない。

　琵琶湖でも有数の景勝地であり水泳場でもある浜は、夏は大変な賑わいとなるが、シーズンをすぎると松林際に並ぶ民宿も売店もシャッターを下ろしてしまって人の気配がない。足元を洗うさざ波に「♪　松はみいどり～に砂白き　雄松が里の乙女子は～」と、知らず知らず『琵琶湖周航の歌』を口ずさんでしまう。

「雨の日は雨のふるさとであり、粉雪の降る日は川や湖までが粉雪のふるさとであるよう、においを残している」と、司馬遼太郎が『街道をゆく』（前掲）のなかで書いている湖西。

晩夏を惜しむ水泳客たち　Ⓒ Biwako Visitors Bureau

雨のふるさと、粉雪のふるさとそのままに、湖岸にうずくまっているような北小松の低い家並みが見えてきた。家々の間の路地に入れば、道はどれも湖に落ちてゆく。肩寄せあった時雨《しぐれ》のふるさと。

山間《やまあい》の谷奥に延びる棚田は、すっかり圃場整備されて耕作機械が入りやすいように農道も広がっている。近年、「棚田を守れ」という声も聞かれるが、機械も入れられない小さな棚田の農作業は大変だ。草を一本引くわけでもないわたしには何も言えないが、それでも美しい曲線が失われていくことは惜しまれる。

整備された田んぼは、獣《けもの》除けに高圧電流を流した柵で囲まれている。比良から、猿や猪や鹿がいくらでも下りてきそうだ。その柵に沿って農道を上ると、視界が開けて琵琶湖が見えてきた。

黒く続く松林と白い砂、そして輝く波。小春日和の穏やかな湖をはるばると見わたす農道のどこかで、比良の湧き水の音がする。ポコポコと、田んぼのなかを流れる水の音がする。羽虫が耳の周りを飛んでいくけだるいような昼下がり。こんな日は、時雨《しぐれ》のふるさとも額縁に収まった絵のように明るい。

駅を少し左に行き、宿泊施設や長い滑り台などがある「比良げんき村[1]」を通りすぎると楊梅の滝がある。「楊梅」と書いて「ヤマモモ」と読むが、難しい字なので最近の案内書などはそのまま「ヨウバイ」と読ませている。滝のそばにヤマモモの大木があったという言い伝えがあるが、今はヤマモモの陰も形もない。

滝は、雄滝、雌滝、その間に小滝を挟んで五段七六メートルの落差と説明されている。水量豊かな豪快な滝だ。

雌滝まではだれでも行けるが、その先は少々手強い。一般の登山道もあるが、流れに沿って岩をよじ登り、アルミの長い梯子《はしご》を登ると登山気分が湧き上がってくる。豪快な雄滝の滝壺で今話題の飛沫浴をしていると、体中にオゾンがみなぎってくる。

雄滝からさらに寒風峠をめざして登る。涼み峠をすぎると平坦な林のなかの道になり、滝の上流の沢が片側に走っている。静かなロマンティックな道だ。沢は登るほどに細くなり、水溜りになって消える。

峠の直下の湿地帯にミズゴケがたくさん生えている。ここがこの沢のふるさと、川の生まれ故郷だ。チョロチョロと染みだした水があっというまに集まって豪快な楊梅の滝になり、琵琶湖に落ちて消えていく。たった三時間足らずでその一生が見えてしまう短

（1）　比良げんき村：大津市北小松1769-3　TEL：077-596-0710。

い川だが、何度来ても自然の仕組みの不思議さと微妙さに驚いてしまう。まるで、川の一生を分かりやすく教えてくれるジオラマのようだ。

春、湖西線の車窓から、見事なシダレザクラの咲く山寺が見える。いつ通っても人影はない。春の日に、サクラだけがホロホロと咲いている。全線高架の湖西線が通るようになって裸に剥《む》かれてしまったような山寺だが、静かな佇まいに心が惹かれた。

一一月のある日、桜紅葉でも残っているかと再び出かけてみた。駅を出て、北小松観音堂という矢印に導かれて歩いた。ああ、あのお寺は観音様だったのかと思いながら、お寺

電車内から見る北小松観音堂の桜（写真提供：同行の友人）

の石段の下にたどり着いた。

「浄土真宗本願寺派のお寺です。公園ではありません。境内で飲食、喫煙を禁じます」と書かれた張り紙があった。サクラに惹かれて不心得な花見客が来るようだ。

玉砂利に帚目が立っている。掃き清められた境内の真ん中に、すっかり葉を落としたサクラが糸のような枝を垂れていた。モミジは紅葉し、池ではイモリが泳いでいた。南向きの陽だまりに、季節はずれのカラーの花が白く咲いていた。

本堂の障子が二〇センチほど開いていた。ここからご本尊をお参りしなさいということなのだろう。人気《ひとけ》はないが、静かな読経の声がどこからか聞こえてきそうなお寺だった。


山梨県塩山市の慈雲寺にもすばらしいシダレザクラがある。大菩薩嶺を登った帰りに、タクシーの運転手に「ぜひ見ていけ！」とすすめられた。タクシーは一面のモモ畑のなかに入った。やがて、本堂の甍《いらか》より高くシダレザクラが屹立しているのが見えた。屹立としか言いようのない圧倒的な高さで、モモ畑を睥睨《へいげい》している。

山門の石柱を通り、数段の石段を上るとまたモモ畑である。どこまでが畑で、どこからが境内なのか、そんな些細な境界などにこだわらないおおらかな景色だった。境内には観光客の姿もなく、「オオイトザクラ」と名付けられたサクラの枝は地面にまで達している。薄桃色の枝はしなやかで、そっと掻き分けると花のれんのようだった。

すっかり気に入って、五年間も花見に通った。そのうち有名になり、ツアーバスが入るようになって細い道は人と車でごった返した。境内は立派な白壁で仕切られて鼻をつくような狭さになり、サクラの根を保護するために柵が設けられた。そして、モモ畑のなかに土産物の露店が並び、素朴な山里の春は姿を消してしまった。

もう、慈雲寺に行くことはなくなったが、こんな近くに、こんなすばらしいサクラがあった。ここなら、慈雲寺の二の舞になることはないだろう。気品に満ちたサクラは、観音菩薩を髣髴《ほうふつ》とさせた。春の女神である。

近江高島《おうみたかしま》

友人の勤務先の同僚は、瀬戸内の小さな入り江で育ったそうだ。その人が初めて琵琶湖を見たときに、「うちの前の海より大きい」と叫んだという。「うちの前の海」と言うのが、しばらく仲間内の流行語になった。

瀬戸内育ちの人がどこから琵琶湖を眺めたのか……白髭神社あたりから眺めたらきっと絶句したことだろう。このあたりの湖はいよいよ広く、沖島の向こうに水平線が広がっている。山と湖がせめぎあう狭隘《きょうあい》の地でＪＲはトンネルになり、国道は一車線に減ってしまい、しばしば渋滞する。道はコンクリート壁に支えられ、水の上に飛び出している。

この辺境の地に、滋賀県で一番古いといわれる白髭神社[1]がある。縁起は二〇〇〇年前というから、もう神話の世界である。祭神は猿田彦（比良大明神）だ。現在の社殿は豊臣秀頼（一五九三〜一六一五）建立の桃山建築で、湖上に沖島を背景として一の鳥居が立っているが、これは一九八一年（昭和五六）に再建されたものだ。

（1）　白髭神社：高島市鵜川215　TEL：0740-36-1555

丹塗りの大鳥居は広島県宮島の厳島神社を連想させるが、湖は宮島の景色よりはるばると大きい。なにしろ、「うちの前の海」とは違うのだから。

いにしえの人々は、陸路を行くより舟で参拝したのだろう。願い事を胸に秘めて近づく大鳥居をじっと見つめている人々。神と人とが、ともに生きていた時代のにおいがする。

越前に赴任する父に同行した紫式部（九八〇～一〇一六、推定）も、ここで歌を詠んでいる。

三尾の海に　綱引く民のてまもなく　立ち居つけても　都恋しも

三尾というのは、当時、ここを治めていた豪族三尾氏のことだろうか。華やかな都を離れ、遠い淋しい水辺に立ってどんなにか心細かったことだろう。

芭蕉も通い、与謝野鉄幹（一八七三～一九三五）、晶子（一八七八～一九四二）夫妻もここで歌を詠んでいる。境内には、それらの人々の歌碑が立っている。

紫式部はどんな旅装束でここに立ったのだろうか。埃に汚れ、映画のように美しくは

近江高島

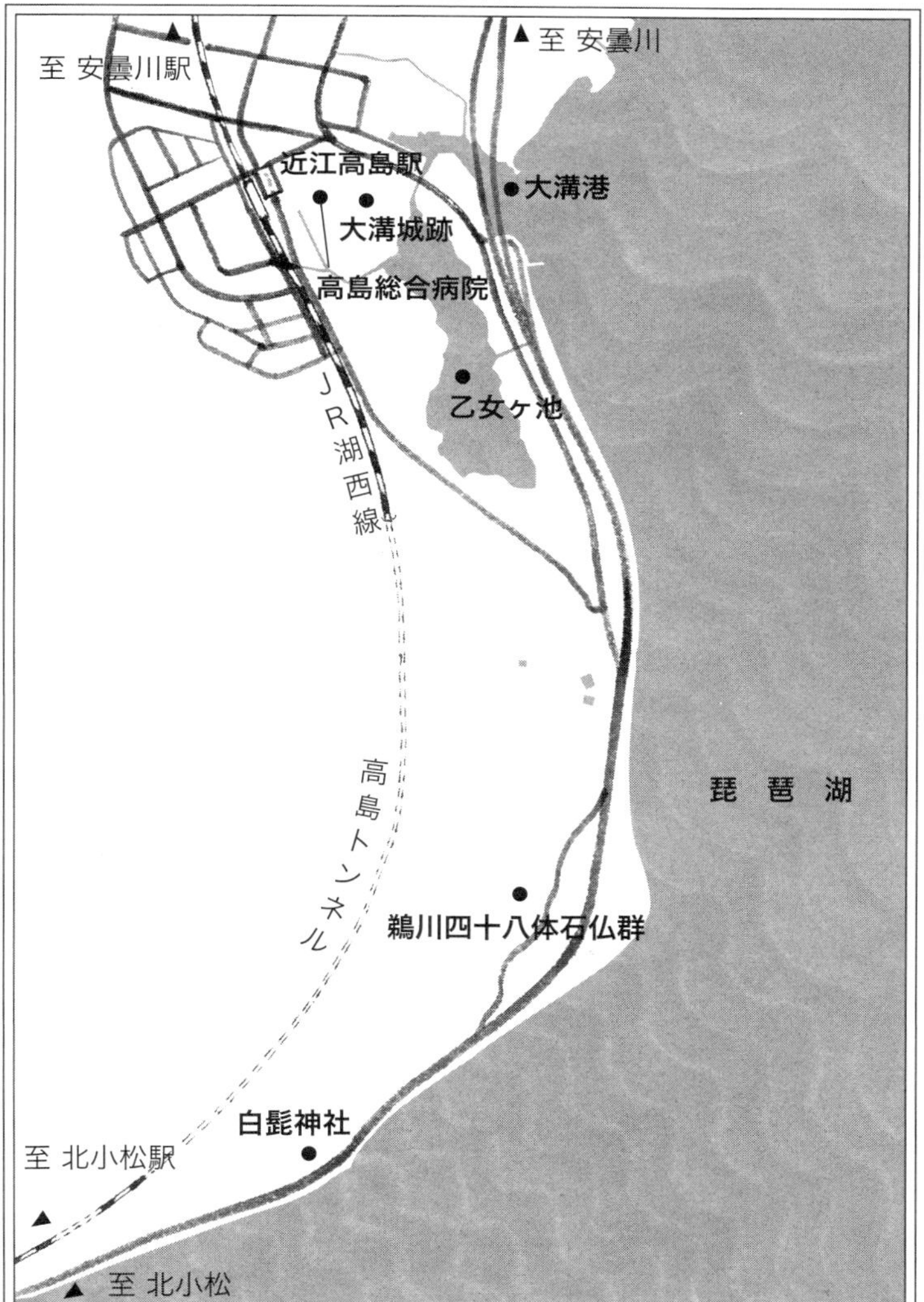
至 安曇川駅
至 安曇川
近江高島駅
大溝港
大溝城跡
高島総合病院
JR湖西線
乙女ヶ池
琵 琶 湖
高島トンネル
鵜川四十八体石仏群
白髭神社
至 北小松駅
至 北小松

なかったにちがいない。芭蕉は？　晶子は？　同じ地に立ち、同じ景色を見ても、思いは昔の人の上をさまよう。

交通量の激しい国道を排気ガスを浴びながら歩いていくと、やがて枝道が見えてきた。昔の西近江路の名残りだ。そのゆるい枝道を上ると、杉林のなかの広場に鵜川四十八体仏が鎮座していた。

一六世紀、対岸の観音寺城主であった佐々木義賢（一五二一〜一五九八）が母の菩提を弔うために建立したものだ。石仏はすべて湖を向いている。義賢は、朝夕この森を見ては母を偲んでいたのだろうか。

石仏はその後、比叡山坂本の慈眼堂に一三体が移され、二体が行方不明になってしまった。ここには、現在三三体の石仏があるのみだ。花崗岩の石仏は、高さ一六〇センチ、膝巾一三〇センチの坐像である。四〇〇年の歳月に風化して、表面はざらついている。石仏から崩れ落ちた石屑が、仏の周りを白く覆っている。その白砂の上に、木立の影がゆれている。木洩れ日の膝元で黄色い野の花が咲いていた。穏やかに微笑んでいる仏たちに、野の花がよく似合っている。

道は杉林のなかを下り、また国道に合流する。しばらく行くと、乙女が池への分かれ道があった。雑木に囲まれた細長い静かな池が広がっていた。やさしい名前の内湖《ないこ》だ。ガアガアとアヒルのようにうるさいメンバーの一人は、厚かましくも「わたしにふさわしい」と主張した……おばさんは御《ぎょ》しがたし。

柳が影を落とす遊歩道には東屋があり、水上に張りだした木製デッキなどがある。魚も豊富なのかシラサギやトンビが舞っている。淵で、釣り人が糸を垂れていた。

池の真ん中には、なんとなく中国を連想するような長い太鼓橋が何度か方向を変えながら対岸まで架かっていた。渡ってみると、橋はかなり傷んでおり、橋板にツギあてがして

杉木立のなかに鎮座する鵜川の石仏（写真提供：同行の友人）

あった。橋も、夜目遠目傘のうちか。ちょっと恋がさめた感じもするが、それでも遠目には充分絵になる美しい橋である。

奈良時代、恵美押勝《えみのおしかつ》（藤原仲麻呂、七〇六～七六四）は反乱に失敗して越前に逃亡を図ったが、先回りをした女帝孝謙上皇（七一八～七七〇）軍に捕えられて乙女が池の湖畔で斬首された。その後、北陸への街道だった西近江路と湖上交通の監視のためにこの地に築かれた大溝《おおみぞ》城(2)は、明智光秀（一五二八～一五八二）の縄張り（設計）によって築城された。

乙女が池を外堀とし、琵琶湖に船で出入りができる水城は、最初から悲運の城だった。光秀の娘を妻にしていた織田信長の甥、織田

琵琶湖の内湖の一つ乙女が池の橋（写真提供：同行の友人）

信澄（一五五八〜一五八二）は大溝城主として入城していたが、光秀の謀反後、光秀方と見なされて攻め滅ぼされた。

今も、国道161号線は乙女が池と琵琶湖をつなぐ水路の上を走っている。乙女が池から琵琶湖に出ると、国道は頭上を走っている。橋脚の下に立ち、道の下がこんな空洞になっていたのかと少し不安になる。

城の石垣は、その後解体されて水口城《みなくち》(3)の石垣に使われたが、戦略上ここに城が必要だったのだろう、また元に戻されている。城も造られたり壊されたりという憂き目にあったわけだが、その城主もたびたび替わっている。

戦国の激動に流された城、乙女が池のほとりでは多くの武人の血が流れた。今は訪れる人も稀な湿地のなかに、わずかな石垣だけが昔日の面影を残している。高島病院の大きな建物が、現在の城のようにその廃墟を見下ろしている。

明るい湖畔でのんびりと釣りをする人々のうしろに、わたしは悲劇のにおいをかいでしまう。

（2）　大溝城址：高島市勝野。わずかな石垣が残っている。
（3）　水口城資料館：甲賀市水口本丸4−80　TEL：0748−63−5577

安曇川《あどがわ》

安曇川は、登山のためにいつも慌ただしく通りすぎる町だった。駅からバスに乗ると、車窓から極彩色の中国風の庭園が見える。なんだか派手だなあと思うぐらいで、すぐに忘れてしまう。車内アナウンスが藤樹記念館がどうとか言っても、「だれ？ それ」と関心がなかった。

初秋の風に誘われてふらりとはじめた琵琶湖一周ウォーキングは、同行者がいることもあれば一人のときもある。高島から今津までを予定したその日は、八人もの人が集まった。

駅に降りたときは少し風が強いだけだったが、湖岸に出ると雨が混じるようになった。その雨風《あめかぜ》が萩の浜をすぎるころから強くなり、鴨川を越えると体が吹き飛ばされそうになった。はるか遠くに、見慣れたハトのマークのスーパーマーケットが見える。滋賀県では、たいていの駅前にこの看板が見え、駅を探すいい目印となっている。

「あそこが駅よ。こんなお天気ではもう無理だから、安曇川で中止にしよう」

さえぎるもののない広域農道に風が荒れ狂う。傘は差すのではなく、真横にして体を覆って風よけにして歩いた。傘の骨が折れそうになる。

吹き飛ばされそうになりながら、ようやく安曇川の小川地区という村落に入った。家々にさえぎられて風は嘘のように弱くなり、雨も止んだ。懲りない面々は途端に元気になり、家の庭やお店の看板を見ては、あーでもない、こうでもないと、アヒルの集団のようにガアガア騒ぎながら歩いた。

道の突き当たりに大きなお宮があった。堀にはたくさんの鯉が泳ぎ、人が近づくと水面が黒くなるほど集まってきて、われ先にと水の上に口を突きだしてくる。お腹のなかまで覗けそうに開けた大口は、水中に咲いた肉色の花のようだ。

堀のそばに「鯉を愛する会」という看板が立っていた。ここに人が立てば餌が撒かれると学習した鯉の期待は大きい。うるさいアヒルメンバーを一人突き落とせば、鯉はピラニアに変身して襲いかかりそうな勢いだ。太刀打ちできない鯉の迫力に怖れをなして、わたしたちは退散した。

両脇に水路の流れる広域農道を行くと、道が直角に曲がっていた。角に祀られたお地蔵様は、花屋の店頭かと思うほど大量の花が飾られていた。この通りの家々の前にも水路が流れ、鯉が泳いでいる。ここの鯉は人影にも無関心で、悠然と尾鰭を動かしている。鯉はやっぱりこうでなくちゃあ。鯉にも、品格というものが必要だ。

石畳の敷地のなかに「良知館」という観光案内所があった。真新しい和風の建物で、白壁と大きな窓が明るい。なかには大きなテーブルがあり、それを囲むベンチに座布団が並んでいた。

「どうぞ、休んでいってください」と、ボランティアの女性がお茶を入れてくれた。周りには中江藤樹（一六〇八〜一六四八）の資料が並んでいる。建物の隣が、近江聖人藤樹の書院跡だ。本名は「惟命《これなが》」といったが、藤を愛し、自宅にも大きな藤の木があったところから「藤樹先生」と称された。

親元を離れて勉学に励む少年が、雪の降る日に母に会いたさにはるばる帰郷すると、「勉学途上で帰郷するとは何事か」と母に追い返された。このような昔語りを子どものころに聞いたことがある。ああ、この話が中江藤樹のことだったのかと、幻のような思い出がよみがえった。

日本陽明学の祖といわれる儒学者中江藤樹は、日本でただ一人「聖人」と呼ばれる大変な人格者であったという。その学問と人格を慕って多くの門弟が集まった。高弟には、熊沢蕃山《くまざわばんざん》（一六一九〜一六九一）、淵岡山《ふちこうざん》（一六一七〜一六八六）などがいる。

儒学は、現在のわたしたちには忘れられた学問だ。封建制の大本、個人の人格を押し潰し、徳川政権を側面から支えた支配者に都合のいい学問、とぐらいにしかわたしは思っていなかった。この地で、今も「先生」と呼ばれ、深く尊敬され続けている中江藤樹とはどんな人物だったのか――不勉強なわたしには、まだその人物の輪郭さえもつかめない。

壁には、その教えである「五事を正す」がかけてあった。

貌（愛敬《あいけい》の心をこめてやさしく和やかな顔で人と接しましょう）
言（温かく思いやりのある言葉で話し掛けましょう）
視（愛敬の心をこめて温かく人を見ましょう）
聴（話す人の気持ちにたって、相手の話を聞きましょう）
思（愛敬の心を持って相手を理解し思いましょう）

と言葉が並び、それぞれの意味が書いてある。どれももっともながら、実行の難しいことばかりだ。

展示物のなかに、昔の村の風景を描いた童画風の屛風があった。田んぼのなかに小川が流れ、子どもが魚とりに興じている。神社からは御神輿が担ぎだされ、笛や太鼓の音が聞こえてきそうだ。人々は農作業に励しみ、小川に何艘もの小舟が浮んでいる。

「これは田舟ですか?」と、ボランティアのおばあさんに聞いてみた。

「へえ、そうです。このあたりは、じゅるい田んぼで膝の上までもぐったんですわ。田舟がなければ、あんた、刈った稲を置く所もあらしまへん。圃場整備で田んぼも硬くなって田舟もいらなくなりましたんやけど。その代わり、そのときの費用をまだ払ってますんや」

「えっ　圃場整備の費用って個人負担なんですか?」

「へえ。もう二〇年も払ってますやろ。いつ終わることやら。生きているうちに払い終わりますやろか」

「それは大変ですね。そんなことは公共事業としてしてくれるのかと思っていました」
「とんでもない。その上、今度は田に水を引かなければなりまへんから水代もかかるんでっせ」

聞けば驚く話ばかりだ。米代は年々安くなるばっかりで経費は上がる。耕作機械のローンを払うのも苦しい。息子の代に農業を続けていけるのか。こんな時代では若い者がかわいそうだ……と、おばあさんの話は延々と続いた。

良知館を出ると、すぐに藤樹の墓所である玉林寺(1)があった。山門の前に、藤樹と母と三男の素朴なお墓があった。山門をくぐると、鐘突き堂の向こうに刈り入れのすんだ田んぼが広がっていた。どこにでもある農村風景だ。カラスと夕焼けの似合う風景のどこかに、あのおばあさんの嘆きの田んぼがあるのだ。

寺を出ると、下校途中の小学生たちが「こんにちは」と元気に挨拶をして通りすぎていった。さすが藤樹先生の里。近ごろは、知らない子どもにうっかり話しかけると誘拐犯のような目で見られる。こんなに伸び伸びした子どもたちがいる町もあるのだ。いつまでも元気で挨拶をして欲しいと思いながら、ちょっといい気分で道を歩いた。

（1） 玉林寺：高島市安曇川町上小川190　TEL：0740-32-0556

バスで見かけた中国風庭園の前に出た。「陽明園」(2)と書かれた額が、丸く切り取られた入り口にかかっている。一歩なかに入ると、そこはもう中国だった。白壁の塀ぎわにコブだらけの奇怪な巨石が配され、池には緋鯉が泳いでいる。池のなかには、二層八角形の、強く反り返った赤屋根の中国風の東屋があった。東屋に渡る石橋が架かっている。ゆっくりと橋を渡っていると、気分はだんだん楊貴妃になってくる。

東屋の天井に、華麗な花鳥風月が極彩色で描いてあった。

「すばらしい!」

おしゃべりが止んで感嘆のため息が出た。首が痛くなるほど天井を見上げた。飛行機嫌いで海外に行けない友人は、「ここで写真を撮って、中国に行ったとみんなを騙そう」と盛んにシャッターを押していた。うん、ここなら充分通用する。

この公園は、中国の儒学者、王陽明《おうようめい》(一四七二〜一五二九)の生誕地の余姚《よよう》市との交流を記念して造られた本格的な中国庭園である。庭園の隣に藤樹記念館と藤樹神社があったが、これ以上お勉強をするとアヒルグループは消化不良を起こしてしまう。こちらのほうは遠慮して駅に向かった。

道の駅に入って、ちょっと一休み。

(2) 陽明園:高島市安曇川町青柳1150-1　TEL:0740-32-0330

本格的中国庭園の陽明園（入場無料）

陽明亭内部の天井

安曇川は、扇骨の産地として国内一の生産量を誇っている。全国に出荷された扇骨は、美しい紙を張られて舞扇や飾り扇、夏の実用品となる。最近では、地元でも扇に仕上げて「高島扇子」として販売をしている。美しい扇が、所狭しと展示されていた。

「どうですかぁ。自分で好きな絵を描いて仕上げることもできるんですよ」と、販売員がデザイン帳を開いて見せてくれたが、どうせ描くなら自分でデザインをした模様を描いてみたい。それに、友人たちが待っているとゆっくり描いてもいられない。

「なにか図案を考えて出直します」と、販売員の誘いを断った。

大阪から来た友人が販売していたダイコンやネギなどを買い込んで駅に着くと、予想通り、湖西線が強風のために止まっていた。ようやく来た振り替えバスはすでに超満員。押され押されて、手に持った野菜に苦労していた友人が一言。

「出先で野菜を買うのはこりごりです」

それからというもの、この友人はお土産にさえも振り返らない。

近江今津《おうみいまづ》

　近江今津はザゼンソウの咲く町だ。駅を出て北に二キロほど行った湿地に自生地がある。最近は、ミズバショウ人気につられてザゼンソウの人気もなかなか高い。

　ミズバショウもザゼンソウもサトイモ科の植物で、形はよく似ているが色も雰囲気もかなり違う。純白のミズバショウに対して、ザゼンソウはくすんだチョコレート色をしている。

「仏炎包《ぶつえんほう》」と呼ばれる包が花のように見える。実は、その包に包まれた黄色い芯のように見えるのが本当の花だ。チョコレート色の包が

雪解けのころに咲くザゼンソウ（写真提供：同行の友人）

座禅を組んでいる僧の姿に似ていると、その名がつけられた。お世辞にも、美しいとは言えない地味な花だ。

雪を頂く遠い山中の湿原に咲くミズバショウ。はるかな憧れの花をとても見に行けない人でも、住宅地の裏にある湿地なら簡単に行ける。「色は違うけれど、この際無理は言わないわ」というのが、人気の源なのかもしれない。

数年前、八〇歳を超した老夫婦と連れだって見に行ったことがある。古い山仲間のご夫婦は、もう登山は無理だが、こんな場所なら元気に出かけてくる。

「おおきに、おおきに……あっ、あれきれい。あっ、こっちも」

子どものように何でも感激する奥さんは大はしゃぎだ。

「あんた、あれきれいや。あれ撮って」

奥さんの注文に、ご主人はニコニコとシャッターを切っている。手入れの悪い竹藪でも、二人にとってはアルプスのお花畑と同じように嬉しいらしい。こういう人たちと歩くと、とってもステキな場所に来たような気がするから不思議だ。長年つれ添った夫婦の一言一言が、陽だまりのように心地よい。

ザゼンソウのような地味な花でも「あら、きれい」と連発されると、包の真ん中で、花粉の棒のように見える本当の花が金色に輝いて見える。だれも見向きもしなかった花が、ミズバショウブームに乗ってスポットがあたった。竹藪の道を賑やかに通る観光客を眺めてザゼンソウが、「石の上にも三年て知ってるかい？　辛抱すれば陽もあたる」と、ずんぐり座禅を組んで笑っている。

近江今津の港に、『琵琶湖周航の歌』の歌碑が立っている。一九一七年（大正六）に三高（現・京都大学）ボート部の学生たちが琵琶湖にボートを漕ぎだし、近江今津の宿に泊まったときにできた歌だという。あの旅情あふれる歌はこの渚から生まれたのだ。作詞者も作曲者も、二十代前半という若さで亡くなっている。まるでこの歌を残すために生まれてきたような青年たち。この歌は、今も多くの人たちに愛されて歌い継がれている。

琵琶湖に沿った浜街道は昔ながらの古い通りで、湖魚を扱う店などの小さな商店が並んでいる。そんな店のなかに、カモ料理で有名な老舗があった。見落としてしまうほど古びたガラス戸、屋号の金文字も色褪せているが、創業三〇〇年の旅館である。

二時に予約を入れておいたわたしたちは、ザゼンソウを見たあと、約束の時間にガラス戸を開けた。表だけ明治に改装したという玄関を入ると、文字通りうなぎの寝床のような細長い土間があって驚いた。

　細長い土間に、細長い上がりかまちがついている。かつて、わらじの着脱に手間がかかったので、大勢が座れるようにこんな長い上がりかまちを造ったのだろうと勝手に解釈した。裏戸を開ければ、もう波打ち際だ。

　湖の見える二階の座敷で、ご主人が湖魚モロコを焼いてくれた。火鉢の炭をおこし、魚より太い指で一匹一匹ていねいに裏返して焼いていく。銀色のモロコは骨までが柔らかい。ご主人の服装は、ついさっきまで畑仕事をしていたのかしら、と思うような素朴さだが、実直な人柄がにじみ出ている。

ひなびた老舗旅館の「丁字屋」

「琵琶湖は禁猟区ですから、琵琶湖にいるカモは捕れんのですよ。だけど、川に入ってきたのは捕ってもいいんですわ」

冗談みたいな話だ。カモに字が読めたら、一羽も捕まえられないことになる。

ご主人はとつとつと話しながらモロコを焼き、カモ鍋の味を調えて部屋から出ていった。こうしてすべてのお客にモロコを焼いていたら、そりゃあ手が回らないだろう。

濃厚なカモ肉のなかでも、わたしは軟骨を叩いた肉団子が大好きだ。コツコツとした歯応えがたまらない。

家族だけでやっている小さな宿は予約が引きも切らず、とくにカモの季節はなかなか空きがないと言う。知人の紹介で昼時をずらしてやっと予約をしてもらえたのだが、部屋も襖も古びており、何もかもが時代がかっている。知らなければ、なんだか古い家があるなと思って通りすぎてしまうような旅館だ。三高ボート部の学生はここに泊まり、『琵琶湖周航の歌』をつくったのだ。

帰りがけ、靴を履きながら壁を見ると、芸能人や作家、俳人など著名人のサインが書かれた色紙がたくさん貼ってあった。「今日は東京から団体客が来るが、別の宿に泊まってカモだけを食べに来る」と言う。しいんとした店内からは想像もできない繁昌ぶりだ。

「宮様も来はりましたんえ」と、奥さんが言った。

宮様とは、結婚して黒田姓になられた方のことだ。そのとき、ご主人はどうしたのだろう。紋付にお召しかえになったのだろうか？　それとも、古いセーターにちゃんちゃんこでモロコを焼いて差し上げたのだろうか。いくらなんでもそれはないだろう。下々には、想像する手がかりもない世界だ。たくさんの？を、もっと奥さんに聞いておけばよかった。すべては後の祭りである。

でも、あのご主人なら、「どなたが来ようと同じお客様。自分の仕事はカモ料理」と、一徹に包丁を握り続けていることだろう。

初秋のある日、琵琶湖一周のつづきを友人と二人で歩いた。この店のガラス戸の文字は、相変わらず消えかけたままだ。ご主人が軽自動車のドアを開けて何か積み込んでいた。もちろん、私のことなどを覚えているはずがない。

「おじさん、がんばってね。もう一度食べに行きたいわ」と、心のなかでエールを送って通りすぎた。

（1）　曹澤寺：高島市今津町今津113　TEL：0740-22-0378

浜街道を北に行くと湖北の気配が濃くなる。道の左手に立派な山門があった。思わず吸い寄せられるように山門をくぐった。鄙《ひな》には稀な、と美女のことをよく言うが、こんな田舎にこんな立派なお寺が……と思うほどの大寺だ。

加賀前田家の手厚い保護を受けた曹澤寺《そうたくじ》(1)という禅寺だった。枯れ山水の見事な庭園もあるそうだが、拝観するには事前に許可がいるらしい。お寺の存在も知らなかったから出遅れである。またいつの日か訪ねてみたい。写真で見ると、きっとそれだけの価値があるように思える。

いくつもの小川が湖に流れ込んでいる。砂

前田家の保護を受けた曹澤寺

浜を歩いていると、川に行く手を阻まれる。道に戻るのは面倒なので「えいやっ」と小川を飛んだこともたびたびある。うまくいくときもあるし、飛びそこなって踵《かかと》が水に落ちることもあった。真っ白なスニーカーがだんだん薄茶色に汚れていく。

——かなわんなあ……。

それでもこりずに渚を歩いた。かなわんのは、わたしの性格かもしれない。

草むらのなかで、初老のご夫婦がテントを張っていた。

「キャンプですか?」

「ええ、定年退職したので二人でゆっくり琵琶湖を一周しているんですよ」

「あら、ステキですねえ」

「もう、三日目なんです」

女の人はいつでもおしゃべりだ。奥さんは、コロコロと笑いながら話し続ける。一方、ご主人は、持参のコンロで昼ご飯の下ごしらえに励んでいる。虫が多いからと、松の枝に蚊帳を吊っている。マイペースのアウトドアライフはとても幸せそうだ。

近江中庄までの湖岸は、遊歩道と公園、そしてヒガンバナの群生する草むらが美しい。浜には、ヒガンバナばかりではありませんよ、とナデシコも咲いていた。

七、八人の男性が大きなシートを敷いて昼食中だった。少しお酒も入っている。

「どこから歩いてきたの？」

こちらも琵琶湖一周のグループだ。少しのアルコールは舌を滑らかにするらしい。情報交換とエールを送って、「いっしょにお昼を食べようよ」という誘いをあっさり振り切った。

お昼になると、工事の人たちもコンビニ弁当を持って集まってきた。美しい場所で食べるお弁当は、コンビニ弁当であっても一味違う。

琵琶湖はどこも美しい。仲よしと歩けば、なお楽しい。

海《かい》津《づ》大《おお》崎《さき》

名立たるサクラの名所だ！「日本の桜一〇〇選」にも選ばれているが、そのなかでもトップクラスだろう。湖に突きだした岬の道に四キロもの花のトンネルが続いている。花は、重さに耐えかねたように水の上に枝を広げている。

わたしは「海津」が読めなかった。何度聞いても、「ウミツ」だったかしら「カイヅ」だったかしらと混乱して、土地の人に笑われていた。あるとき、『万葉集』を研究している大学の先生に、「越前からの海産物を積みだした港だからカイヅ。塩を積んだからシオ

日本の桜100選、海津の桜（写真提供：同行の友人）

ツ」と説明されて、にわかに頭のなかがスッキリとした。初めっからそう言ってもらえれば混乱することがなかったのに……。漢字って、ちゃんと意味を教えてもらえればとっても分かりやすい。

マキノの駅を出て湖に向かうと「湖上タクシー」という看板があった。何のことだろうと思っていると、客引きのおじさんに「乗っていきなよ」と声をかけられた。岬の突端、花のハイライトの大崎寺まで往復一〇〇〇円の船賃だ。「わたしたちは永原まで歩くから片道しか乗らないので五〇〇円にして」と交渉したが、「片道でも一〇〇〇円」と敵もしぶとい。まあ船もいいかなと太っ腹なところを見せて乗り込んだが、船頭のおじさんは少しおまけにと遠回りをしてくれた。

小さな船は窓の高さが湖面すれすれで、豪快な波しぶきが窓ガラスを叩いて砕ける。目の高さからいきなり大きなカワウが飛び立っていく。そのたびに「キャーキャー」と歓声が上がり、船のなかはおばさん族のディズニーランド状態になった。「どうだい。船も楽しいだろう」と、船頭さんが自慢そうに言い、わたしたちは湖の景色に釘づけになった。

「あっ。あそこきれい。あっ、あそこのカップルうらやましい」と、ますますテンションが上がっていく。

魚を誘い込むエリの近くを船が回りこみ、サクラ並木を間近に見て大崎寺[1]に着いた。こんなに楽しんだら、一〇〇〇円でも結構お得かも。

観音堂へはここから10分の上り
Ⓒ Biwako Visitors Bureau

下船すると、交通の激しい道路を横切って大崎寺への坂を上った。上り口の土産物屋の客引きが少し煩わしいし、大音響の音楽もうるさい。車の排気ガスも馬鹿にできない。それでも、この喧騒が由緒正しい日本のお花見風景なのだ。花見酒を飲みたい大半の人は、「静かな花見なんて花見じゃない。無礼講で騒ぐから花見だ」ときっぱりと言う。そう、花見は日本中で繰り広げられるお祭りなのだ。

お祭りの誘惑を振り切って坂道を上った。少し息を切らして、観音堂の立つ広場に着いた。眼下に琵琶湖が広がっている。松風と寄せる波の音が響いてくる。土産物屋の音楽も車の音も、ここまでは届かない。

丹塗りの華やかなお堂では、大勢の参拝者が手を合わせていた。普段はひっそりしている観音堂も、花の季節はいつにも増して華やいでいる。

観音堂を通りすぎるとその先に小さなお堂があり、血天井がどうしたこうしたと看板に謂《いわ》れが書いてある。なんでも、安土城落城のときの血が付いているとか……気持ちが悪いのでそういう所はどんどん通りすぎた。

境内から浜に下りる道は急な崖道で、油断をすると転がり落ちそうだ。さすがに、ここを下りる人は少し足腰に自信のある人だけで、たいていの人が引き返していく。

岩や枝に手を置いて慎重に下りると、トンネルの上を通り越して荒い磯に出た。石混じりの枯れ草の間は歩きにくい。足をとられないように気をつけて行くが、枯れたエノコログサの実が春だというのに執念深くズボンの裾に引っ付いてくる。サクラに囲まれた広場に出ると、そこは茶店の駐車場になっていた。よい場所は、どこも営業用に抑えられている。

磯は、鉛筆のように尖った岩が湖中に突きでた崖で行き止まり。この景色は撮影スポットなのか、観光写真などで見かけたことがある。今まで歩いてきた穏やかな浜とはま

（１）　大崎寺：高島市マキノ町海津128　TEL：0740-28-1215　近江西国霊場９番札所。

た違う琵琶湖のもう一つの顔だ。再び車道に戻り、狭いトンネルのなかを車に気をつかいながら通りぬけた。歩行者に配慮されていないトンネルを歩くのはとても大変だ。

波打ち際に下りられる所はすべて磯を歩いた。足元に波が寄せる。手を伸ばせばサクラの枝に触れる。根元の草むらに野イチゴの白い花が咲いている。エンゴサクの青い花が、おくるみに包まれた赤ちゃんのような姿で咲いている。タンポポの黄色が明るい。滲みだした水が琵琶湖に注ぐ所ではセリもあった。ついでに、ちょっと摘み草もしようか。気に入った場所で、好きなだけ立ち止まる。

イチゴが出てくる。パイナップルが出てくる。お饅頭にクッキー、漬物と、下戸ばっか

広場は茶店の駐車場（写真提供：同行の友人）

りの宴会でも口達者なおばさんたちは賑やかに盛り上がっている。

「ふん、お酒がなければ宴会ができないなんて、まだまだ修行が足らない」と、おばさんの鼻息でサクラ吹雪が散る。

沖に、鈴なりに客を乗せた花見舟がひっきりなしに通る。客たちは、はしゃいで手を振っている。

「こっちにおいでよ。花吹雪だよー」

「飛び込んで、泳いでおいでよ」

聞こえるとは思わないが、言いたい放題呼びかけてみた。船上の人も、なにか叫んで手を振っている。だれもかれもが幼子に戻ってしまったようだ。

何度目かのお茶をしていたらカヌーのカップルが近づいてきた。舟が近寄れない浅瀬でも、カヌーなら何のことはない。まぶしそうにサクラの枝を見上げている。

「おいしそうですね」と、カヌーの女性が手を振った。

「一休みして、コーヒーでも飲んでいきませんか」

「どうもありがとう」と、ニッコリ笑ってカヌーは遠ざかっていった。

カヌーでお花見か……いいなあ。うらやましいなあ。よし、来年は挑戦だと、また宿題を一つつくってしまった。車でひとっ走りも楽だけれど、やっぱり歩かなければこの醍醐味は味わえない。車を捨てて、ほんの少しでも歩いてみよう。

大浦の町に入ると「北淡海・丸子船の館(2)」という展示館があった。丸子船は琵琶湖独特の船だというが、素人には構造の違いを説かれても「？　？　？」である。もちろん、古文書なども読めない。館内に展示された民芸具や船道具のほうがむしろ面白い。ざーっと見て回って、外に出た。

春の陽はまだ高い。サクラは湖岸に沿って葛篭尾《つづらお》岬のほうまで続いているが、このまま花を追いかけていたら今日のうちに帰れない。

サクラもいいけれど、タンポポやスミレもかわいい。畦道を、「あんな花があった」「こんなのが咲いていた」と相変わらず喧しく、野の花の品評会を繰り広げながら畑のなかの道を永原の駅に向かった。

（2）　北淡海・丸子船の館：伊香郡西浅井町大浦582　TEL：0749-89-1130

菅浦《すがうら》

菅浦は葛篭尾《つづらお》岬の奥にあった。奥琵琶湖パークウェイの展望台から見下ろすと、背後は山に囲まれており、前に湖が迫る傾斜地に二〇〇戸ほどの家が寄り沿っている淋しい村だ。かつては「陸の孤島」と言われた奥琵琶湖の隠れ里である。村の結束も閉鎖性も強く、他所とは交流もしなかったと伝えられている。

ＪＲ永原駅から、一日に六本のバスが出ている。バスは大浦の低い家並みを抜け、複雑に入り組んだ湖岸をゆっくりと走っていく。

桜紅葉の美しい日、私は駅から菅浦までの九キロの道を歩いた。山裾を切り開いた道はくねくねと折れ曲がり、湖水にモミジが散っている。岸近くを泳いでいたカモが、人の気配を察して、長く澪《みお》を引きながら遠くに泳ぎ去る。三角形の澪の波模様が湖面に広がる。

前方の山に視界をさえぎられ、入り江はまるで小さな沼のようである。一つの入り江を回りこむと、また新しい入り江が姿を現す。それは大きな琵琶湖ではなく、小さな湖沼が点在する湖水地帯のようだ。対岸の、白い建物が陽に輝いている。わたしは、写真でしか知らないイングランドの湖水地帯を何とはなしに思い浮かべた。

急に陽が翳《かげ》ったなと思ったら、パラパラと時《し》雨《ぐ》れてきた。湖北は時雨の多い土地だ。傘を差すほどでもないのでウインドブレーカーのフードを被った。しばらく歩いていると雨が止み、振り向くと湖の上に大きな虹がかかっていた。虹の橋の下を、カモが澪《みお》を引いて泳いでいく。

大浦から菅浦と反対方面に歩けば、海津大崎のサクラ並木がある。サクラの本数と幹の太さでは海津《かいづ》にはとてもかなわないが、菅浦への道は、入り江の美しさがそれを補ってあまりある。むしろ、無名なだけに春には静かなお花見が楽

集落手前の展望所（写真提供：同行の友人）

しめるだろう。

何度目かの岬の突端を回ると、突然、視界が開けた。竹生島が姿を現し、水平線が霞んでいる。行く手に、ようやく菅浦の村が見えてきた。駅から歩いて二時間半は、長いか短いかと意見の分かれるところだろうが、片道ぐらいは歩いてすばらしい景色を堪能したい。

バスは村の入り口の広場までだ。ここから先は大型車が通れるような道路はない。広場の二本の大イチョウは金色に色づいていた。その木の間に、淳仁天皇（七三三〜七六五・第四七代）を祀った御廟への参道があった。最近、新しく造り直された石畳の長い道が緩やかに山に上っている。

その参道脇に、「四足門《しそく》があった」と村の案内板に地図とともに書かれてあった。かつては、村の四か所に四足門が設けられて、村の出入りを見張っていたと伝えられている。今は、村の西と東の二か所の門が残っているだけだ。

石畳の参道をさらに行くと、やがて柵にさえぎられ、その先は苔むした石段が続いていた。ここから先は土足厳禁で、観光客のためにスリッパが用意されているが、村人は石畳の最初から裸足でお参りをするという。

村は、天皇に湖魚などの貢物をするための小集団が住み着いたのが起こりとされている。そのためか、御廟を敬う気持ちはことのほか強い。

恵美押勝《えみのおしかつ》の乱で考謙上皇に敗れた淳仁天皇は、廃帝となって淡路島に流された。菅浦の伝承では、淡路は淡海のまちがいであり、淳仁天皇の遺体を葛籠に入れて密かにここに運んできたので「葛籠尾岬《つづらお》」ということになっている。隠れ里に多い、貴人伝説の一つだろう。

二〇〇戸足らずのこの村には、なぜかお寺がとても多い。お寺とお宮が狭い土地の大半を占め、村中が境内のようだ。これだけの人口でこんなにたくさんのお寺をどうやって支えていたのか。

菅浦は、つくづく不思議な村だ。隣の大浦とは、山林の境界争いがしばしば起きた。中世のころは、一七〇年に及ぶ長期の争いとなって六〇人以上の死者が出たという。開けることを禁じられた菅浦文書を昭和になって開けたところ、夥しい数の文献が出てきた。それらの書面に詳しい記述が見られ、貴重な資料として国の重要文化財になっている。その資料のコピーや能面などが展示されている立派な資料館が参道脇に立っているが、開館は日曜日のみらしく、平日に出かけることの多いわたしはまだ入ったことがない。

一五分もあれば一周してしまう狭い村を歩き、バス停に戻った。国民宿舎のネームの入ったジャンバーを着たおじいさんが、大イチョウの下でギンナンを拾っていた。

「たくさん拾えましたか?」

手にしたビニール袋を振ってみせ、おじいさんもバス停に向かって歩いてきた。帰るのかと思ったら、並んでベンチに腰かけた。

「宿で使うギンナンを拾っているんですか?」

「いんやあ……ちょっと暇だからね。まだあんまり落ちてないよ」

イチョウの枝には、鈴なりの実が付いていた。

「どっから来たね?」

訛《なまり》も強く、歯も抜けているおじいさんの言葉はフガフガと息がもれて、慣れるまでなかなか聞きとれなかった。

「堅田です」

「堅田の者とは、昔よく喧嘩したなあ」

「やっぱり漁業権か何かで?」

「まあ、そういうこっちゃ」

堅田一族は早くから湖上を制し、信長も秀吉も家康もその湖上権に注目し、その力を利用してきた。「湖族」と言われる強大な力をもって栄えてきた堅田は、今、京都・大阪のベットタウンとして賑わっている。その堅田を相手に、喧嘩を繰り返してきたのだ。海の男は気が荒いと言うが、菅浦もなかなかだ。

厳しい土地で生き抜くには厳しい掟がある。村は「惣《そう》」と呼ばれる自治組織で固く結ばれてきた。警察権も裁判権ももっている惣の掟にそむいては、生きてゆくことができない。

「そこに、四足門があるだろう」

おじいさんは物陰に隠れるようにあった藁

西の四足門。村の出入りを監視した

葺き屋根を載せた四本足の門を指さした。荷車が通れるほどの細道が、門のなかを通って村に入っている。

「昔は、あの門で村の出入りを監視していたの。門からなかのことは、惣の掟にみんな従うの。この前も境界線を引いてくれと頼まれて、わしと年寄り三人が山のなかを歩き、ああだった、こうだったと昔の記憶を頼りに線引きしてきた。村のなかのことは、それでちゃんと治まるんや」

と、おじいさんは穏やかな笑顔で語ってくれた。それがいつごろのことなのかははっきりとは聞かなかったが、このおじいさんが長老になってからなら、そんなに遠い昔ではないだろう。

一時が万事、村の掟が生きている。気ままなわたしにはとうてい住めそうにない。荷車がやっと通れる細い道が四足門の下に残っている。そこをくぐれば惣の内。良くも悪くも、一〇〇〇年にわたるしきたりが個人を押し潰してしまう。

美しい風景を楽しむだけの観光客と、その重石に耐えて生きてきた住民たちとの越えられない壁が、はっきりと見えた。

月《つき》出《で》

奥琵琶湖パークウェイの途中に月出峠がある。その峠の下に、月出という小さな集落があることを知ったのはつい最近のことだ。美しい名前は旅情を誘う……そうだ、月出に行こう!

月出は、古くは「ツキド」と言った。今でも「ツキド」と呼ぶ老人がいる。月出は、月の出ではなく、「湖に突き出た」あるいは「突き当たり」という地形を意味しているのかもしれない。

JR塩津駅を出て、交通量の激しい国道8号線を南に下った。「あんなに高い所を」と見上げる湖西線がカーブを描いて、鋭い角度で北陸線と合流している。木之本から何か所ものトンネルをくぐり抜けた北陸線と湖西線が合わさった、鋭角の三角形が塩津だ。町というほどの賑わいもないが、静かな集落を貫く国道8号線の交通量は激しい。

今、降りた湖西線の高架をくぐると田んぼのなかの道を選んだ。ヨメナやイヌタデといった咲き残った秋草を踏んで二キロほど歩くと、「塩津宿」という大きな看板が出て

近江塩津

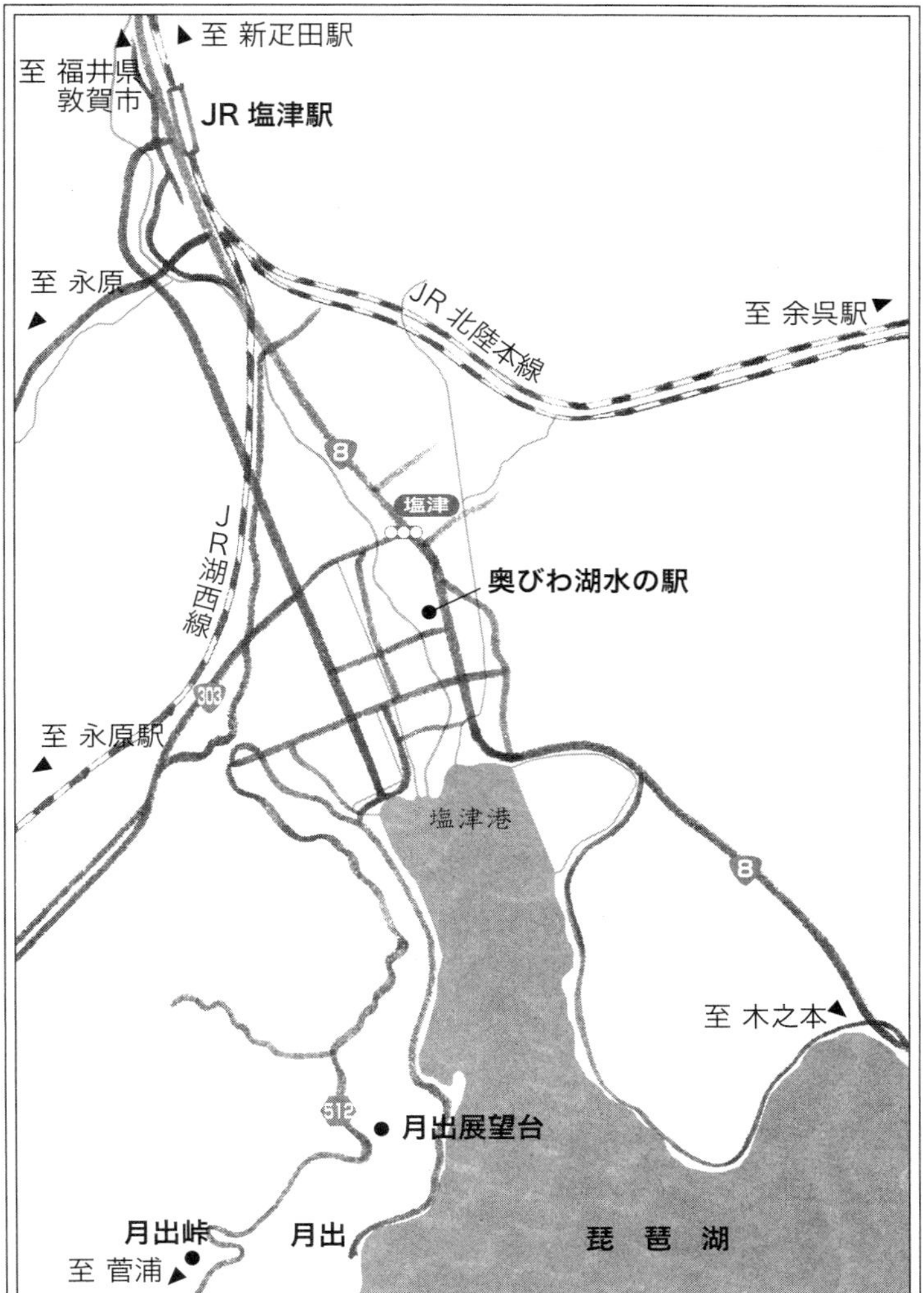
至 新疋田駅
至 福井県敦賀市
JR 塩津駅
至 永原
JR 北陸本線
至 余呉駅
8
塩津
奥びわ湖水の駅
JR湖西線
303
至 永原駅
塩津港
8
至 木之本
512
月出展望台
月出峠
月出
琵琶湖
至 菅浦

いた。

道は思わせぶりなカーブを描いて人を誘い込む。北国街道を急ぐ三度笠の旅人が……と、幻影を描く間もなくカーブの先はまた国道にぶつかる。

反対方向から歩いてきた中高年のグループが、「いい所ですなあ」と挨拶をしてすれちがった。観光施設など何もない、人々が普通に生活しているこんな静かな町がかえって新鮮に映るのかもしれない。それにしても、立派な看板のわりには新しい小ぎれいな家並みが続く道に少し拍子抜けして、「えっ、これだけ？　なあーんだ。なあーんだ」と言いながら国道を渡った。

国道の反対側に、友人たちの間で評判のよい「水の駅」がある。道の駅とどう違うのかよく分からないが、野菜や鮒寿司や鴨肉を売っている。中年グループは「買い物は帰りね」なんて言いながら、味見だけはぬかりがない。ここで、昼食用の手づくりパンを買って琵琶湖をめざした。

田んぼのなかの道をどんどん南に下ると、まもなく琵琶湖に突き当たった。真っ直ぐな堰堤が数百メートル先まで延びている。葉を落とした並木が続いている。堰堤は、ここが琵琶湖の行き止まり。これ以上奥はありませんよ、と告げていた。入り江は細く、琵琶湖の広がりは山にさえぎられて見えず、まるでゆったりとした川のようだ。それにしても、不自然なほど真っ直ぐな堰堤《えんてい》だ。もしかしたら、堰堤に区切られた田んぼは干拓地なのかもしれない。狭い湾の左を行けば国道8号線が藤ヶ崎から木之本へ通じ、右にとれば月出の村で道は途絶える。

入り江の枯れ芦の間を、カモやキンクロハジロが群れをなして泳いでいる。人の気配がすればたちまち沖に遠ざかる。わたしは、カモが水中から飛び立つとき、湖面を激しく叩いて上げる水しぶきを見るのが好きだ。一直線に上がる水しぶきは命の躍動感にあふれている。

年配の男性二人が、スコープを据えてバードウォッチングをしていた。「何を見ているんですか?」と声をかけると、「覗いてごらん」とスコープを指さした。対岸の山に頭が薄ベージュ色をした大きな鳥が見えた。

「オジロワシですよ」

写真やテレビでしか見たことのないオジロワシが木のてっぺんに止まり、ときどき頭を動かしている。

「いつ飛ぶのかしら?」

「さあなあ」

バカな質問をしてしまった。男性たちはのん気に世間話をしている。野生相手に人間の都合なんか通じない。バードウォッチングも気の長い世界のようだ。

マユミやムラサキシキブ、サネカヅラの実が木に絡んでいる。あれがきれい、こっちがたくさん実が付いていると、ツルをひっぱってリースをつくりながら小さな切り通しを越えた。

いきなり視界が開けた。遥かな水の上にコニーデ型の山本山(三二四メートル)が見える。こちら側からは、葛篭尾岬が湾を抱くように延びている。その間に、水平線が光っている。

「あー、琵琶湖だ!」

たった数十歩で、川のような入り江が「これぞ琵琶湖!」という大湖に変わった。一瞬の、風景の転換の見事さ。その美しい景色の先に月出の村が見えた。

猿の群れが道端の斜面にいた。慌てる様子も、威嚇する風もない。人間なんか珍しくもないと、崩壊止めの側壁の上で毛繕いをしている。小猿が、走りながらこちらを見下ろしている。どの猿も薄ピンクのかわいらしい顔をしていた。この群の猿たちは、色白なのか、シーズンで顔色が変わるのか知らないが、柔らかいピンクの顔色は猿たちをおっとりと品良く見せる。

道の前方を、大猿が一匹悠々と横切った。後ろ手こそ組んでいないが、白っぽい毛並みで背を丸めて歩く姿は、手ぬぐいで頬かむりをしたおじいさんみたいだ。チラリと道路を振り返り、車が来ないのを確認して渡っていく。わたしたちを見ているはずなのに、まったく気にしていない。猿も村に住民票をもっているのかしら、というほどの落ち着きぶりだ。

山中でときどき猿に遭うことがある。猿たちは、樹上で警戒音を出して身構える。そんなとき、わたしたちは刺激しないように目を伏せてそそくさとやり過ごす。しかし、月出の猿はなんだかずいぶん勝手が違った。

道端の古木の洞に小さなお地蔵様が安置してあった。車の通れる道路ができるまで、お地蔵さまの前を細々とした山道が通っていたのだろうか。だれかがお参りに来たばかりのようだ。真新しい花が供えられ、赤いきれいな涎《よだれ》掛けをかけていた。

お地蔵様の先を曲がるとようやく村が近づいた。三〇軒くらいの家が急斜面に寄り添っている。村には人影がなかった。家の石垣の上で、太った猫が日向ぼっこをしている。通りかかると、面倒くさそうにちらりと瞼を開けてまた眠りこんだ。天下泰平。ふてぶてしいほどの落ち着きぶりだ。

家の間を、山に向かって真っ直ぐ道が上っていっている。「月出展望台」と標識があった。この道を上ると、展望台に出て奥琵琶湖パークウェイに合流するのかもしれない。上ってみたかったが、メンバーの一人が足を故障中なので今日の坂道はお休み。サクラの咲くころに今度はレンタサイクルで訪れようと、楽しみはちょっと先延ばしにした。

村の奥の舟溜まりに二艘の舟が舫《もや》ってあり、陸にも一艘伏せてあった。その陰からよたよたと出てきた猫が、グーンと背伸びをしてどこかに歩いていった。うるさい人間が来たのでお昼寝場所の引っ越しかもしれない。

動くものの見当たらない村に、ちょこちょこと黒いものが出てきた。また猫だろうと気にも留めなかったが、「狸だ、狸だ！」と友人が騒ぐ。通りの向こうを渡っていく姿をよく見たら、たしかに狸だ。写真を撮ろうと追いかけたら、小走りに家の陰に消えてしまった。

（1） 慕情：1955年。監督：ヘンリー・キング。香港を舞台にしたアメリカ悲恋映画で、甘い音楽が有名。

古い映画の『慕情』[1]のなかに、満月の香港の海を、シルエットになったジャンクが渡るという美しいシーンがあった。月出から見る湖は、そのシーンを思い起こさせる。

渚の石に腰を掛け、月明かりの湖を見る二人。幻の舟が入り江を渡る。恋を語るのか、過ぎし日を懐かしむのか……映画のシーンのような情景が浮かんでくる。

さて、そのヒロインはと友人たちを思い浮かべると、大声、大食い、太っ腹の陽気なママたちばかり。ロマンチックが行方不明……歳月は無常だ。

渚でお昼を食べていると、さっきの狸がやって来た。よく見ると汚い狸だ。皮膚病で体毛の半分は抜け、片目がつぶれており、片足を引きずっている。狸は迷うことなく近寄ってきて、ザックやコップに鼻を突っこもうとする。病原菌が心配なので遠くにお菓子を投げてやると、しばらくにおいを嗅いでから食べた。人に餌をもらい、猫にも追われず、月出の村で命をつないでいるのだろうか。でも、この体ではこの冬は越せないだろう。

狸は自殺を考えない。命尽きる瞬間にも、なお生きることしか考えない。この尊厳に満ちた野生と、やさしい人が寄り添って生きる。月出は、きっとそんな村なのだ。

ロマンチックが欲しくなったら、黄昏の月出の村に出かけよう。

余《よ》呉《ご》

乳癌だった友人は、病床で『湖の伝説――画家・三橋節子の愛と死』(1)を読んでいた。癌のために幼い子どもを残して逝った夭折の画家、三橋節子（一九三九～一九七五）さんの生涯を描いた本だ。三橋さんの享年と同じ年齢、残してゆく子どもも同じく幼い男の子と女の子。自分の運命を、三橋さんに重ねていたにちがいない。

三橋さんは画家としての利き腕である右手を病で失った。それでも、子どもたちのために左手に絵筆を持ち替えてすばらしい絵本を残して逝った。子どもへの想いの強さに違いなどない。けれど、その想いを残す手段のない友人はどんな気持ちでこの本を読んでいたのだろうか。治療の甲斐なく友人は亡くなり、『湖の伝説』は今私の手元にある。しいんとした病室の空気がいつまでも張り付いて、この本を開くのが悲しい。

三橋さんの描いた「余呉の天女」(2)に誘われて、初めて余呉に行ったのはもう三〇年ほど昔の寒い冬の日だった。免許取り立ての、冬の余呉への初ドライブ――かなり無謀だ

（1）『湖の伝説』：梅原猛著、新潮社、1993年
（2）「余呉の天女」：夭折の画家、三橋節子の絶筆。1975年。

った。怖いもの知らずのハンドルさばきで木之本を過ぎ、賤ヶ岳を回り込むといきなり余呉湖があった。

まるで、無造作に田んぼのなかに放りだされた鏡。水面と陸の高さが同じという大きな水溜り。ずいぶんいろいろな湖を見てきたけれど、そのどれとも違う。暗い空の下で、余呉湖は光を失った鏡そのものだった。

ときおり霰《あられ》が屋根を叩く、淋しい湖畔の村に一泊した。その日の寒々とした印象は、何十年たっても鮮やかだ。水上勉（一九一九〜二〇〇四）の小説『湖の琴』(3) そのままの、山間《やまあい》の侘しい風景だ。『湖の琴』のサクも、平岩弓枝（一九三二〜）の『彩の女』(4) も、この湖のほとりで死んでいった。作家たちは、この地で薄幸の女たちを死なせたくなってしまうのだろうか。

余呉湖は、駅前だけがわずかな平地で湖岸の大部分は山に囲まれている。駅から一〇分ほど歩くと、大岩山（二八〇メートル）の登り口に着く。なだらかな尾根道は、柴田勝家（一五二二〜一五八三）と羽柴秀吉（一五三七〜一五九八）の決戦地となった古戦場だ。尾根の途中の大岩山に砦を築いた秀吉方の将である中川清秀（一五四二〜一五八三）は、

（3）『湖の琴』：水上勉全集第7巻、中央公論新社、1977年。
（4）『彩の女』：上下巻、文芸春秋、1973年。

援軍を得られずに討死し、尾根には首を洗ったと伝えられる首洗い池がある。そして、その池の近くには清秀の墓がある。

賤ヶ岳から塩津に下りる坂は、兵が逃げまどった地獄坂、湖岸にようやく逃げ延びて一息ついた娑婆内湖《しゃばないこ》、聞くだけでも胸の痛くなるような名前があちらこちらに散らばっている。

浅井長政（一五四五～一五七三）と柴田勝家という二人の夫を信長と秀吉に滅ばされた非運の人お市の方（一五四七～一五八三）は、人生に絶望したのだろう。三人の姫を残して、越前北の庄での死を選んだお市の方の運命を決めた賤ヶ岳。

真北には、ピラミダルな行市山《ぎょういちやま》（六六〇メートル）が目を引く。柴田側についた京極高次（一五六三～一六〇九）が砦を築いた山だ。

京極高次という人も不思議な人だ。明智光秀に加担し、ボロ負けをすると命からがら高時川あたりを逃げまどい、柴田側について秀吉に敗れ、何度も秀吉の残党狩りに追い詰められているのに秀吉の側室だった妹の口添えで許され、お市の方の次女お初（一五六六～一六三三）を妻にしている。関ヶ原では、ギリギリのところで徳川に寝返って、ついに若狭城主になった。あっちへフラフラ、こっちへフラフラ、負け組ばかりに加担したようだが、最後の最後で勝ち組について戦国の世を乗り切った人物。力で生き抜いた戦国武将のなかにもこんな優柔不断な人がいたかと思うと、人生って面白い。

お市の方の残した三人の姫のうち、長女は淀君（一五六九〜一六一五）となり、三女のお江（一五七三〜一六二六）は徳川秀忠（一五七九〜一六三二）の妻となったが、そのお江も秀吉によって三度も結婚させられている。不本意なこともずいぶんあっただろう。京極高次の妻となった二女お初が、一番平凡で幸せだったような気がする。

駅近くの岸に、天女伝説の衣掛《きぬか》け柳がある。あるとき、ハクチョウに姿を変えた八人の天女が舞い降り、柳に羽衣を掛けて水浴をしているうちに漁師が一枚を隠してしまうという、各地に残る羽衣伝説の一つだ。天女が空に帰るとき、残された子がこの地方を治めた伊香具連《いかごのむらじ》（5）だったとか菅原道真（八四五〜九〇三）だったとか、途方もない言い伝えが残っている。

僻地といわれる厳しい地には、落人や流浪の貴人伝説がしばしばある。人は、プライドがなければ生きられない。僻地だからこそ、貴人伝説のプライドを頼りに生き抜いてきたのだろう。

（5）　伊香具連：大中臣《おおなかとみ》と同祖の天児屋根命《あめのこやねのみこ》の10世の孫・臣知人命《おみしるのみこと》の後とされ、中臣の伊香津臣《いかつおみ》の子・臣知人命《おみしるのみこと》より出る。

賤ヶ岳の尾根を挟んだ東にある菅山寺《かんざんじ》は、(6)道真が育った寺と伝説はいう。境内には樹齢一〇〇〇年を超す大ケヤキがあるというが、わたしはまだ菅山寺には行ったことがない。道真公には申し訳ないが、わたしは参詣よりもそのケヤキを見たい。

関東育ちのわたしには、ケヤキは何より親しい木である。大空に手のひらを広げたように枝を張る樹形、何十万という葉っぱが春風にそよぎ、台風のときには怒り狂う。夏にはアブラゼミがうるさいほど鳴き、秋には赤く色づいた葉が竹とんぼのようにクルクルと舞い落ちてくる。冬は箒《ほうき》を広げたような枯れ枝がツンツンと空を刺す、幼馴染みの懐かしい木だ。樹齢一〇〇〇年のケヤキに出会ったら、「やあ」と片手をあげてそっと幹をなでてこよう。

冬は暗い余呉の湖《うみ》も、春には命がよみがえる。すっかり枯れたように見えた衣掛け柳も、新しい芽が萌えだすことだろう。

「山本山って、海苔屋さんみたい」

山名の面白さにつられて、高月町の山本山から賤ヶ岳（四二一メートル）まで数年前の春のある日に縦走したことがある。

(6)　菅山寺：伊香郡余呉町坂口　問い合わせ先：余呉町観光協会 TEL：0749-86-3085　ＪＲ木ノ本駅よりバス坂口下車。山中を徒歩１時間30分の登山。

「海苔屋の社長の出身地らしいよ」

「うっそー」

おばさんたちの陽気なグループだ。「足で登るのではなくて口で登る」とよく悪口を言われるが、われながら素直にうなずいてしまう。

スミレの咲く尾根道は、なだらかで木の間《こま》越しに琵琶湖が見える。おしゃべりとおやつを楽しむ、絶好のピクニックコースだ。

最後の急登をあえぎながら賤ヶ岳の山頂に立った。山頂のサクラは満開だった。左手に琵琶湖、右手に余呉湖が見える。古戦場のモニュメントなのか、戦い疲れた武将が槍にもたれてがっくりと腰を下ろしている銅像がある。

賤ヶ丘から見下ろす余呉湖（写真提供：同行の友人）

ロープウェイで登ってきた観光客が、その銅像の前で盛んにシャッターを押していた。奥琵琶湖の山々が重畳《ちょうじょう》と重なり、山襞に薄く陽炎《かげろう》が立ち昇っていた。琵琶湖を見下ろす絶景地だ。

年配の夫婦が、

「アー、いい景色やな」

「ほんまやねえ。あれはどこやろか」

と、東屋の手すりから身を乗り出して指をさしていた。春風が、白くなったご主人の髪をなぶっていく。

持参のコーヒーやおやつを広げて賑やかなティータイムがすむと、わたしたちは余呉湖に下った。

国民宿舎「余呉湖荘(7)」の前を右に行けば道

余呉湖荘　© Biwako Visitors Bureau

幅も広く、湖岸は公園のように整備されている。トイレや休憩所もあり、サクラやモミジも植樹されている。左に行けば鄙《ひな》びた細道だ。三〇年前よりはだいぶ整備されたが、どちらを通ってもＪＲ余呉駅までは同じような時間だ。わたしたちは、静かな左に折れた。

木立のなかに菜の花畑があった。パッと目を引く黄色い花は、青い湖を背にして美しい鄙の春を謳歌していた。そのとき、カワセミが飛んだ。「空飛ぶ宝石」と言われる鳥は、翡翠色《ひすいいろ》に輝きながら青い水の上を黄色い菜の花の上を自在に飛んで、湖上に突き出た枝に止まった。

「ほらほら、あそこ」

「えー　どこどこ」

騒いでいると、カワセミは翡翠色の羽きらめかせ、（どう、私、きれいでしょう？）と器量自慢の娘のように何度かわたしたちの目の前を行ったり来たりしたが、やがて対岸に飛んでいった。

余呉のカワセミは、天女の髪飾りかもしれない。

（7）　余呉湖荘：伊香郡余呉町余呉湖畔　TEL：0749-86-2480

木之本《きのもと》

木ノ本駅前のゆるい石畳の坂を上ると、突き当たりに木之本地蔵院浄信寺(1)がある。眼病にご利益があるといわれる地蔵尊は、古くから人々の信仰を集めている。寺の縁起は奈良時代に遡るといわれる古刹だ。本堂の屋根の吹き替え工事をするらしく、テントのなかには瓦が積まれ、寄進を求める奉加帳が置いてある。

寄進された瓦にはさまざまな願い事が書いてあった。自分が寄進した瓦があの屋根の上で長い年月を経るのもいいかなと、ふと心が動いたが、なにしろ照れくさい。お寺参りに縁の薄い凡愚《ぼんぐ》は、どうもにわか信心が恥ずかしくて他人の寄進した瓦を眺めるだけにした。

伝説では、目を病んだ旅人を救うために、お地蔵様が蛙に片目をやるように言いつけた。旅人は助かり、蛙は片目を失った。それ以来、境内に棲む蛙は片目をつぶっているという。蛙が大きな目でパッチンとウインクしているなんて、考えるだけでも楽しい。なんと、メルヘンチックな伝説。

（1）　木之本地蔵院浄信寺：伊香郡木之本町木之本944　TEL：0749-82-2106

境内に入ると、六メートルの大きな石のお地蔵様の足元に夥しい数の陶器でできた片目の蛙が奉納されている。お地蔵さまの足元から溢れた蛙はあたり一面に置かれている。目を患う人のなんとの多いことか。

でも……でも、なんか変だなあ。お地蔵様が、関係のない蛙の目玉を犠牲にしてもいいの？　お地蔵様のお力ですんなりと病人だけを治してやったらいいじゃないの。と、どこまでも懐疑的なわたしは思ってしまうのだった。

本堂の下に、戒壇《かいだん》めぐりの地下道ができた。入り口で、三〇〇円を料金箱に入れてドラを叩く。壁にかけてあった注意書きの指示通り、片手を石壁につけて一つ角を曲がると漆黒の

境内で真っ先に目を引くお地蔵様

闇だった。目を閉じても開いても、なんの変わりもない漆黒の闇。目の前で手をヒラヒラしても風さえ動かない。頭上で、読経の声がする（テープではありません）。

入り口に、「願いごとを一心に念じて進みなさい」と書いてあった。極楽トンボのわたしには、これといった強い願い事もない。とりあえず、この紀行エッセイを書き上げることを念じてみよう。

「書きます、書きます、書きます」と、昔流行ったコント55号の次郎さんみたいなお題目を念じ、壁についた左手を頼りに進んだ。指先が冷えて痛くなってきた。鼻をつままれても分からない暗闇とはこのことか、とすり足でソロソロと進む。余分なことを考えているゆとりがない。六つ目の角を曲がって明かりが射してくると、ほっとして力が抜けた。無意識のうちにずいぶん緊張していたようだ。地上に出ると、なぜか体が軽くなったような爽快感があった。これが、闇のなかを五七メートル歩いたご利益というものかしら。

木之本は、この地蔵尊の門前町として栄え、北国街道の宿場町でもあった。通りにはその面影が色濃く残っている。宿場町だったころは水路が真ん中に流れていた道だが、それを埋め立てて造った石畳の道はゆったりとしている。

うだつの上がった家。棟下の柱に馬をつないだ金具が今も残っている家。造り酒屋の杉玉。北国街道と鳥居本に抜ける脇街道追分の石の道しるべ。昭和の初めころの建築だろうか、古い装飾でいかめしい銀行のビル。ドアを押したら、カイゼルヒゲをピンと固めて、胸に懐中時計の銀の鎖を垂らした行員が「オッホン」と立っていそうだ。

商店街にはためく「OZIZOカード」のピンクのノボリは、失笑してしまうほどのご愛敬。お地蔵様も笑って許してくれるだろう。車は国道8号線に行ってしまうので、交通量は少なくのんびりと宿場町を楽しめる。

たらたらと下り坂の路地を曲がると、行き止まりかとしばしばまちがえるような道が迷

旧滋賀銀行。現在は交流センターとして活用されている

路のようにくねっている。五〇年も同じ店構えのような美容院や酒屋。何にも言わずに、(すべて分かっています)と通じてしまう古馴染みの客ばかりだろう。米櫃《こめびつ》のなかまで分かっています、というような安心感と多少の煩わしさが流れる路地が迷路のように曲がっている。「昭和三〇年代ブーム」に乗った観光施設に行かなくても、木之本の裏通りを歩けばそんなにおいが溢れていた。

この町の西側に、水上勉の『湖の琴』の舞台になった大音や西山地区がある。賤ヶ岳を越えれば余呉湖である。雪深い山里の暗さと、おどけた明るさのある不思議な町だ。三味線の弦や琴糸は、この大音、西山地区の絹糸を使うという。あの細い糸が縒《よ》りをかけられて、撥《ばち》であれほど強く叩かれても切れずに美しい音を出す。

だが、大音地区のどこを歩いても桑畑が見あたらない。大音出身の知人に尋ねると、もう桑の木は一本もないという。

「繭はどこかで買ってくるらしいよ」

「えっ！　よそでつくった繭でも琴糸になるの」

「うーん、よく知らないけど。糸を取るときの水が向いているらしいよ」

と、はっきりしない答えが返ってきた。

わたしの母は、日本一の養蚕地だった前橋郊外の出身だ。赤城山麓の裾野に広がる、見わたすかぎりの桑畑のなかに点在する村々では、どこの家でも養蚕をしていた。しかし、祖母の家は養蚕もしていなかったし子どももいなかったので、春休みや夏休みに行くといつも隣の養蚕農家に上がりこんで遊んでいた。旺盛に桑を食《は》む蚕の音が、シャッシャッと家中に響きわたっていた。青臭い桑の葉のにおいがこもっている。寝起きする部屋だけを残して、どの部屋も畳を上げて養蚕室に変わっていた。

家中総出で働く重労働。できあがった繭は出荷されるが、自家用に糸を取ることもあった。生成りの糸はまだ黄ばんでいて、それほど美しくは見えなかった。桑摘みのお手伝いは楽しかったから中学生のお姉さんについて行ったけれど、蚕は気持ち悪かった。そんな桑畑も養蚕の衰退ですでになく、ビニールハウスの群に変わっている。

群馬では、蚕は「お蚕さま」と「さま」付けだったが、いくら「さま」を付けられたって蚕の一生なんて憐れなものである。その憐れさが、水上勉の心をとらえたのだろうか。まるで繭《まゆ》に閉じ込められたように死んでいった愚かな少女の物語は、湖北の霙《みぞれ》のように淋しい。

石畳の坂を駅に引き返すと、路地奥に案内板らしきものが見えた。路地といっても、商店の裏口に行く通用路のようだ。エアコンの室外機が並んでいる。溝板を踏みながら、こんな所に入って咎められないかしらとビクビクしたが、それでも看板が気になって入った。通り抜けると、建売が一軒建つくらいの長方形の空き地があった。隅に小さなお宮があり、こんもりと盛り上がった塚の上に一本のイヌザクラの大木があった。そのイヌザクラの説明板に、「昔、ここで下馬して馬を繋ぎ、小川で身を清め、地蔵尊にお参りをした轡《くつわ》の森跡です。このイヌザクラは当時の森を偲ぶ木です」というようなことが書いてあった。

私は愕然とした。あまりになおざりだ。当時の鬱蒼《うっそう》とした森を残すことはできないだろう。それでも、フェンスに囲まれた袋地の一本の木に一枚の立看板でいいのだろうか。いっそ何もない、ただ広大な森があったという伝説だけのほうがよっぽどすっきりする。周りを囲む家の台所の窓や洗濯物、そしてエアコンの室外機に囲まれた鼻の詰まりそうな空き地を見て寒々とした気持ちになった。せめて、フェンスの前を生垣で囲んだり、木の二、三本も植えたらどうだろう。

イヌザクラが、「淋しい」と泣いていそうな森跡だった。

高月《たかつき》

観音の里といわれる高月は、湖北のひっそりとした風景のなかにある。

山裾に、あるいはケヤキの木立に囲まれた田んぼのなかに、時の流れを忘れたように観音様は祀られている。なかでも最高傑作は、向源寺（通称・渡岸寺《どうがんじ》観音堂）(1)の国宝十一面観音菩薩だ。三〇年近く前に何気なく訪れ、あまりの美しさに息を呑んだ。そのとき以来、私はこの観音様に魅せられた。

お寺めぐりも、仏教美術にもたいして関心のないわたしでも、呆然と見とれる美しい仏が三体ある。一つは、広隆寺の弥勒菩薩。頬によせたしなやかな指先から、水面《みなも》に広がる静かな波紋が見えるような気がする。あるかなきかの空気の動く音がする。指先に、広大な水の風景がまざまざと見える。

もう一つは、興福寺の阿修羅像。なんといってもハンサムだ。今風に言えばイケメンの極地。きゅっと眉を寄せた表情は、青年の潔癖さと怒りと困惑と慈悲があふれ出ている。哀しいまでの表情が視線をとらえて離さない。若いわたしは、たぶん阿修羅像に恋

（1）　向源寺：伊香郡高槻町渡岸寺50　TEL：0749-85-2632

をしたのかもしれない。

そして、渡岸寺の十一面観音。腹部から腰の流れるような曲線が美しい。今にも歩きだしそうと、美術評論家たちは口をそろえて言う。もちろん、豊かな曲線は何を説明する必要もないほど美しい。でも、わたしが魅せられているのは背面の「暴悪大笑面」である。美しい姿の後ろにこんな恐ろしい顔がある。この異形の顔は、仏に仇名す者を大笑いして撃滅する顔だといわれている。

広大な力をもつ御仏たちに、そんな守護が必要だろうか。わたしには、だれでもがもっている二面性を象徴しているように思えてしかたがない。美しい顔の裏に、人間はこんな恐ろしい心もあわせもっている。――わたしも、あの人も、あの人も――だから、仏の慈悲にすがりなさい、と観音様は呼びかけてくる。

かつて、浅井氏が治めた湖北の地はたびたびの戦乱にあった。そのたびに村人は、仏たちを土に埋めたり川に沈めたりして必死に守ってきた。痛々しいほどの傷を負った観音様たちのなかで、仏教美術の最高傑作の一つと評される十一面観音が美しいままに残ったことは奇跡に近い。村人の観音像に寄せる深い敬愛の結晶だ。

その心は今も変わっていない。以前は、やや窮屈な収納庫のなかに安置され、近すぎて仰ぎ見るのも疲れたが、今は収納庫も大きくなってゆったりとしている。最近ではツアーバスも入るようになったが、仏はケースや仕切りの向こうに収まっているわけではない。手を伸ばせば届く所で、じっと人々を見下ろしている。

ここでは、決して美術品ではなく仏として安置されている。村の人々の信仰を素朴に集めている、すばらしいことだ。不祥事などがあり、観音像がケースの向こうに入ってしまうことがあってはならない。それは、訪れる一人ひとりの責任であり、土に埋め、守り抜いた先人への敬意である。

高月の北東にある己高山《こだかみやま》（九二三メートル）は近江の国の鬼門にあたり、多くの寺院があった。そこは、奈良時代からの山岳仏教の一大霊場であった。それらの寺は時代を経るうちに廃寺となったり、無住になったりした。その寺宝の多くは、今は麓の世代閣《よしろかく》(2)に移されている。

己高山を登ると、急な坂に「馬返し」「牛返し」という地名がある。重い荷を積んで坂を登るのには馬よりも牛のほうが力があるため、牛返しのほうが上に位置している。そこから僧院までは人力で担ぎ上げたのだろう。険しい山中に寺院跡や石仏が残っている。

（2）　世代閣：伊香郡木之本町古橋　TEL：0749–82–2784。己高山山中に栄えた数多くの寺院の寺宝を保管するため、1989年に造られた。

山頂直下の鶏足寺跡は、敷地も広く泉水の石組みも残っており、当時の隆盛を偲ばせる。山頂から尾根を南に下ればその先に浅井三代の夢の跡、小谷山が近い。

浅井氏は戦国の下克上の時代、主筋六角家や京極家を押しのけて勢力を伸ばした。初代亮政《すけまさ》（一四九一～一五四二）は、越前の朝倉氏と同盟を結んで湖北を押えた。久政（一五二六～一五七三）、信長の妹お市の方を妻とした長政と、三代にわたってこの地を治めたが、信長の朝倉攻めのときに朝倉方について滅んだ。

戦国時代の数ある地方豪族がこれほどまでに人の記憶に残るのは、「戦国一の美女」と讃えられたお市の方の悲劇性にある。悲劇のなかで人々は実際以上にお市を美女に仕立てあげているのかもしれないが、伝えられる信長の肖像も細面の美男だ。お市の方が美しかったのはまちがいないだろう。

麓に下りた鶏足寺(3)は、紅葉の名所として人気急上昇中だ。なにより、ポスターがすばらしい。木々を飾るモミジと散り敷くモミジ。上も下も紅《くれない》に染まる画面にゆるやかな石段が延びている。このポスターを見て、心をそそられない人がいるのだろうか。

わたしも、絶対、紅葉見物に行く。

（3）　鶏足寺：紅葉の名所。山中の鶏足寺が麓に下りてきたもの。現在は無住。寺宝は近くの世代閣に移されている。連絡は世代閣を参照。

それまで早春の己高山《こだかみやま》登山にしか行ったことがなかったが、ポスターにつられて秋に出かけた。紅葉の季節は、木ノ本駅からも循環バスが出ている。いつもは人影のない田んぼのなかを人がゾロゾロ歩き、広場のテントでは村の物産品やおでんの販売をしている。村が唯一賑わう季節だ。

茶畑の広がるのどかな山道を登ると鶏足寺の参道があった。紅葉は美しい。緑の木々に紅が絡む。でも、参道は……茶色く枯れたモミジが大勢の人に踏みにじられている。冷静に考えれば確かにそうだ。あんな夢のように美しい紅の参道なんて、この人混みにあるはずがない。あの写真はいつ撮ったのだろう。早朝にありったけの落葉を集めて参道に撒いたのだろうか……看板にいつわりあり。

それでも、京都の有名な紅葉スポットよりははるかに少ない人出、テントのなかでの地元の人とのやりとり、おいしそうな野菜や安い柿など、のどかな山里散策を堪能できた。

三個一〇〇円の柿を買って、木ノ本駅まで歩いた。もちろん、料金均一で乗り降り自由な循環バスに乗るのが普通だが、なにしろわたしは、腕ならぬ足に憶えがある。のどかな田園風景のなかをもう少し歩きたかった。

教わった道を行くと高時川に出た。高時川は、姉川に対して地元の人は「妹川」と呼ぶ。姉、妹の川に挟まれた観音の里。この里の、もうどこにもお市の方の涙も戦乱の気配も残っていない。

のどかな土手の上に、遠く横山岳(一一三二メートル)が見える。土手に腰を下ろして柿を齧《かじ》った。甘い。こんなことならもっと買えばよかったと思うが、引き返すには遠くまで来すぎた。食いしん坊はいつも後悔をする。

横山岳がうっすらと白い。地元では、「横山岳に三度雪が降ると里にも雪が降る」と言う。浅井の冬は横山岳から来る。では、春はどこから来るのだろう。

高時川の緑なす土手からやって来るような気がする。土手にサクラの咲くころ、花吹雪を浴びながらサイクリングをしてみたい。残雪の横山岳から吹く風はまだ冷たく、汗ばんだ頬に気持ちいいだろう。草の上に自転車を倒して寝転ぶのもいい。揚げ雲雀《ひばり》の声を聞きながら、静かな里山の春を楽しもう。

竹生島《ちくぶしま》

湖西線の一部と北陸線は交流の電気を使っており、直流路線と乗り入れができなかった。鉄道マニアの友人に、「どうして、そんなややこしいことになっているの？」と尋ねると、「交流のほうが線路の設置経費が安く、本数の少なかった昔は、電車内に変換機をもっているほうが経費がかからなかった。ところが、電車の本数が増え、一台一台変換機をもつほうが経費がかかり、直流の路線が多数になった」と説明してくれた。さすがに、マニアの知識はすごい。

そして、わずかな距離で湖西線と北陸線はつながらず、直流化が沿線住民の悲願になり、ついに二〇〇六年一〇月二一日に一本化された。敦賀まで新快速が走るという利便性に地元の期待は大きく、湖北の駅舎はどこも美しく建て替えがされて、イベントも盛大に行われた。

普段、船の出ない菅浦の国民宿舎「つづらお荘」(1)からも竹生島まで船が出る。このチャンスを逃したら、菅浦から島に渡ることはないだろう。なにがなにでもイベントには

（1）　つづらお荘：伊香郡西浅井町菅浦580　TEL：0749‒89‒0350

参加しなければ……というわけで、ミーハー振りを発揮して一一月一七日に菅浦から船に乗った。

沖にこんもりと竹生島が見える。周囲二キロの島は、切り立った崖に囲まれた禁足の島だ。一般の人は島に泊まることができない。

島は、明治の神仏分離令（一八六八年）により「宝厳寺《ほうごんじ》」(2)と「都久夫須麻《つくぶすま》神社」(3)に分離された。西国第三十番札所になっている宝厳寺の縁起は大変古く、聖武天皇（七〇一〜七五六・第四五代）が夢のお告げを受けて開基したと伝えられている。

「神の斎《いつ》く島」が転じて「チクブジマ」になったと言われるが、なかなかこの字が読みに

緑の沈影、竹生島（写真提供：同行の友人）

くいらしく、電車のなかで女子高校生が「チクショウジマだって」と大騒ぎをして笑っていた。大人も結構「チクショウジマだと思っていました」なんて言うのだ。

観光船は長浜と彦根から出ているが、通常と違うコースの船旅も楽しい。そのとき、乗客はわたしと年配の男性のたった二人きりだった。船頭さんにあれこれ質問しても面倒がらずに答えてもらった。貸切り状態の船の特典だ。

船着場に降りると、ため息の出るような石段が山の頂に向かって延びている。お年寄りが「登れるだろうか」と不安げに見上げていた。石段の登り口で入山料を払い、登ってみると見た目より楽に本堂に着いた。

弁財天を祀った本堂は丹塗りの華やかなものだ。なかにはたくさんの折鶴が奉納されていた。芸能の神さまの弁財天に折鶴は華やかで似合っている。平経正《つねまさ》（?～一一八四）が「船に宝をつむ心地して」と謡って戦勝祈願をしたと伝えられるが、京都からはるばるたどり着いた緑の神の島は、さながら伝説の蓬莱山にも思えたにちがいない。

本堂前のベンチで一休みしていると、足元に黒とオレンジの派手な虫が這っている。白砂の上で頭から肩（?）までオレンジ、あとは真っ黒な虫はよく目立った。写真を撮

（2）　宝厳寺：長浜市早崎町1664　TEL：0749-63-4410
（3）　都久夫須麻神社：長浜市早崎町1665　TEL：0749-72-2073

り、虫に詳しい友人に見せると「クロホシヒラタシデムシ」と返事があった。「埋葬虫」とも言われ、動物の死骸を食べたり、土中に埋めたりする森の掃除屋さんだ。何種類も仲間のいるうちで、ツートンカラーのクロホシヒラタシデムシが一番派手だ。目立ちがりやのシデムシさん、でも、あんまり具体的な名前なのでちょっとお近づきにはなりたくない。

本堂から三重の塔、唐門と順路通りに見て回った。建物をつなぐ石段のどこからも青い湖がきらめいている。この石段で記念写真を撮っている人も多かった。琵琶湖を背にした絶景で、お年寄りを真ん中に挟んで「はい　チーズ」と、コマーシャルのような団欒風景があちらこちらで繰り広げられていた。

国宝唐門は、豊国廟から豊臣秀頼が移築した壮麗な桃山建築だ。秀吉の御座船「日本丸」を使った船廊下（重要文化財）を通って都久夫須麻神社に出た。これも、秀頼が伏見城から移築した国宝である。崖の上に立った拝殿は休憩所のようにもなっていて、土産物などが並んでいる。

下を見ると鳥居が立ち、そこをめがけてか
わ
ら
け投げができる。覗き込むとたくさんの砕け散ったかわらけが見えた。こういう絶景に来ると人はやたらに何かを投げたくなるようだ。大空に届けたい希望であったり、日頃のストレスであったり。青い湖に向かってかわらけが飛ぶとき、人の願いも空を駆ける。

迎えの船の時間も決まっているので、乗り遅れないように船着場に戻った。秋の行楽シーズンだというのに土産物屋の半数近くがシャッターを下ろしたままだ。竹生島の観光客は減っているのだろうか。

代わりに増えているのがウだ。テレビなどで被害は知っていたが、船が裏手を回ったとき、あまりの無残な姿に絶句した。島の裏側は何万羽というウがコロニーをつくり、その大量のフンで森が立ち枯れしている。枯れ木だらけになった山は土を支えきれず、あちこちでがけ崩れが起きている。緑の沈影と謳われた島の裏は、赤茶色の死の島に変わっていた。

一時は絶滅寸前まで追い込まれたカワウは、もち直して琵琶湖では天敵のいない竹生島をねぐらに選んだらしい。なんとかしなければ、一〇〇〇年続いた神の島もカワウに亡ぼされてしまうが、これといった有効手段もなく関係者は頭を痛めているようだ。自然と共生というのは簡単だけれど、そのバランスを取るのは至難の業だ。うまい解決方法が早くあればいいと、なんの知識ももちあわせない傍観者はただ思うだけである。

湖《こ》北《ほく》町《ちょう》

湖北と湖東の境はどこだろう。わたしの感覚なら、姉川が琵琶湖に流れ込むあたりが湖北のシッポかもしれない。

何年か前、テレビでオオワシの観察ドキュメントが放映されたことがあった。その放映に触発されて、その年、湖北野鳥センター(1)を訪れた。センターには野鳥観察用のスコープが湖に向けて設置されていて、大勢の観察者たちで賑わっていた。

スコープで確認すると、消波ブロックかと思ったのは夥しい数のオオバンの群れだった。オオバンは波に揺られて列をなして泳いでいる。キンクロハジロの白と黒の特徴のある羽の色もここで覚えた。そのほかさまざまな水鳥たちの姿が観察できるが、なんと言っても人気なのは、テレビで放映された越冬に来るオオワシとコハクチョウだろう。翼を広げると二メートルにもなり、地元の人が「畳が飛んでいる」というオオワシをなんとか見たい。

実はわたしは、ヒマラヤ山中でゆうゆうと飛ぶオオワシを見たことがある。オオワシ

(1) 湖北野鳥センター：東浅井郡湖北町今西　TEL：0749‒79‒1289

は雪のヒマラヤによく似合った。あの大きな鳥を、琵琶湖の上で見たならどんなにうれしいだろう。だが職員は、無情にも「オオワシは今日帰りました」と言う。

「えー、どういうこと」

「北に帰るときは飛び方が違うんです。とても高く上っていくんです。昨日帰ったと思ったら、何か気に入らなかったのでしょうね、戻ってきました。今朝は高く舞い上がったので、あの飛び方ではもう戻りませんわ」と、親戚のことでも話すような口振りだ。

「じゃあ、ハクチョウは?」

「さっきまでいたんですけどね。田んぼのほうにお昼を食べに行ったんじゃないですか。夕方戻ってきます」だって。

湖北野鳥センター　© Biwako Visitors Bureau

この人にかかったら、ハクチョウもまるで会社の同僚みたいだ。

湖北野鳥センターに寄っていたら面白くて、今日の予定が挫折してしまう。今日はわき目もふらずに歩け歩け。湖岸の野鳥センターを横目で見ながら、観察小屋の階段で持参のコーヒーを飲んで一休みしていると、ウォーカーたちが「こんにちわ」と声をかけながら何組も通りすぎた。早春の光に誘われたウォーカーたちの足取りは軽い。

西野水道に向かって遊歩道を歩いていると、中年ライダーが道端に大の字になって寝ていた。天下泰平だ。こんな所で昼寝をしたら、日頃のストレスも、背負った重荷も、全部太陽が洗い流してくれるだろう。

地球温暖化は重大な問題だけれど、やっぱり暖かいほうがうれしい。あれもこれも欲しい、困った欲深者だ。

尾上港の旅館の脇をすぎると、野田沼内湖と琵琶湖に挟まれた道が大きくカーブしている。オオバンやカモが波に揺れている、そのカーブの先にトンネルが見えた。車の交通量の多いトンネル内は歩行者には厳しい。ほかに枝道がないかと目で探すが、どうやらトンネルを通るより仕方がないようだ。しかし、トンネル内は広い歩道もあり、換気も効いているので空気はそれほど悪くはなかった。歩行者はいつでも交通弱者だから、歩道のない細道やトンネル内はつい身構えてしまう。

トンネルを抜け、車道と別れると農道を西野水道に向かった。だだっ広い田んぼの道は歩いても歩いても捗《はかど》らない。はるか向こうの道をパトカーが走っているのが見える。（おまわりさん、ちょっとこっちを走って乗せていってよ。県民サービスしてもいいんじゃない）なんて、恨めしく遠ざかるパトカーを見送った。

西野地区は、山本山から派生する尾根に阻まれた土地だ。余呉川が氾濫すると水の逃げ場がなく、田んぼはいつまでも水浸しのままで被害が拡大してしまう。そこで水を琵琶湖に逃がすため、全長二二七メートルのトンネルを掘った。一八四〇年から一八四五年までかかった難工事で、近江の「青の洞門」とも呼ばれている。

水道周辺は記念公園になっている。無人の事務所にはトンネル見学のための長靴やヘッドランプが常備してあるので、だれでも入ることができる。しかし、なかは真っ暗で、頭上から水がポタポタと落ち、トンネル内はカーブをしているので先が見えない。ノミ跡の残る岩肌にはゲジゲジや得体の知れない虫がへばりついていそうで、気味が悪くて入る気になれない。

その古いトンネルと並んで、一九四八年に掘られたコンクリート製のトンネルがある。こちらは歩行者が通ることができ、広くて明るい。通り抜けると琵琶湖の湖岸に出た。芦の間に柳の大木が茂り、樹上にトンビが止まっていた。人影はまったくない。行き止まりの小さな水辺は、たまに釣り人が訪れるだけだろう。静かな波音が聞こえてくるだけだ。

トンネルはもう一本ある。一九八〇年に掘られた現役の水道で、余呉川の水がいっぱいに流れていて、人は入れない。

公園を出て、高月まで農道をひたすら歩いた。「近くて遠い田舎の道」とは、よく言ったと思う。そこに見えているのに、歩いても歩いてもなかなか近づかない。高月駅と木ノ本駅の間に日帰りの入浴施設ができたと聞いていたので、「帰りに入浴」と心積もりをしていたが、田舎の道はあまりにも遠くて疲れ果てた。

お風呂はまたいつか、と高月駅に直進した。

長《なが》浜《はま》

長浜には評判の親子丼（玉子丼だったかな？）の店がある。いつ通りかかっても長蛇の列で、番号札も出ているようだ。この丼が大好きな友人は、

「一つなんて物足りない。せっかく行ったのだから二つはぺろりと食べてしまう」

と、三段腹もなんのその、大阪から年に数回は食べに行っている。

ある晩通りかかると、さすがに夜は観光客の行列もなかったので、試しに入ってみた。ふわふわの玉子がたっぷりと乗った甘めの丼は、「ふーん、これかあ」と思う程度で、話に聞いていたほどの感激はなかった。考えてみれば、わたしは丼物が嫌いだった。丼嫌いまでもが吸い寄せられる評判というのもたいしたものだ。

この店の角を曲がると「黒壁スクエア」がある。メインの黒壁ガラス館には美しいガラス製品が陳列され、いつもたくさんの観光客が品選びをしている。古いお店と観光客用の土産物屋さんが混在しているアーケードは、観光客がめぼしいものを探してキョロキョロと歩き、毎日が縁日気分だ。

そんななかに、老舗のお寿司屋さんがある。鯖《さば》寿司が人気で、昼間はお持ち帰りの注文に追われている。実は、わたしは丼物よりお寿司のほうが好きなのだ。

夜、一段落した店のカウンターでお刺身を見繕ってもらい、わずかばかりのお酒を舐める（だって、私は下戸だもの）。たいした儲けにならない客を、店主はていねいに扱ってくれるのでとても居心地がよい。長浜の夜は柔らかくて、うっとりと更けていく。帰らなければ、帰らなければ……辛いなあ。いつか、浜辺の宿でのんびりと泊まってみたい。

小路を入ると、若い人が喜びそうな小物のお店が並んでいた。袋物やガラスのアクセサ

観光客でにぎわう黒壁スクエア（写真提供：同行の友人）

リー、和紙でつくったマグネット付きの小鳥たち。わたしは、ここで薄茶とピンクの和紙の小鳥を買った。小鳥は、部屋のどこかにときどき居場所を変えておとなしく止まっている。

オーストラリア西部の小さな港町に行ったとき、ここにも週末三日だけオープンするマーケットがあった。建物のなかにぎっしり小さな店が並び、迷路のような通路がある。胡散臭く、それだからこそワクワクする店。ビーズやバンダナ、絵葉書やオリエンタルなお香など、さまざまな小物を所狭しと並べた店がひしめいている。家族連れや、恋人たちが楽しそうに冷やかして歩いていた。

どこの国も同じだ。みんな縁日気分で、小銭で買える品物を嬉しそうに選んでいる。京都でも、長浜でも、オーストラリアでも扱っている商品は同じだ。ガラクタ小物はインターナショナルだった。それでも、ついつい足が止まる。

春めいてくると、盆梅《ぼんばい》目当ての観光客が増えてくる。

会場となる慶雲館(1)は、一八八七年（明治二〇）に明治天皇の行幸に際して迎賓館として建てられた。遠州流の庭園は、平安神宮の神苑を手がけた人の作だ。梅もいいけれど、

（1）　慶雲館：長浜市港町2–5。問い合わせ先：長浜市商工観光課
TEL：0749–62–4111

庭園をゆっくり歩くのはもっといい。

車内吊り広告などで盆梅のポスターを見かけ、盆梅とは梅の盆栽だろうと思っていたが予想は外れた。

慶雲館の広間に赤い絨毯が敷かれ、両脇に火鉢ほどの大鉢がずらっと並んでいる。鉢に植えられた梅の前に、それぞれの銘を記入した木札が誇らしげに立っていた。

人の背丈ほどの老木に梅が花をつけている。樹齢数百年の幹は曲がりくねり、木肌は荒く、いかにも荒れ狂う歳月を乗り越えてきたという風格がある。本当は風にもあてず大事に育てられたにちがいないが、風雪を感じさせる迫力が木の力だ。

でも、なんだかなあ。野に自立する古木ほ

明治天皇行幸のときに造られた慶雲館（写真提供：同行の友人）

ど大きくはないし、盆栽ほどに凝縮もされていない。わたしの想像とはちょっと違った。もう時効になった古いギャグ、「チュートハンパヤナー」が頭の隅でこだまする。

長浜は、羽柴秀吉が開いた城下町。市内にはたくさんのゆかりの品や神社仏閣があるが、「お花きつね」が住んでいる長浜御坊・大通寺(2)が私のお気に入り。伏見城の遺構を移したといわれる本堂、二層の屋根の山門、丸山応挙（一七三三〜一七九五）や狩野派の襖絵が飾る大広間、大伽藍に似合わずお花きつねの話は愛らしい。

昔、長浜城内にあった御坊の移転問題が起きた。移転派と現状派に真二つに割れ、本山の決裁を仰ごうと移転派は船で、現状派は陸路を京都・東本願寺に向かった。ところが、道中で愛らしい茶屋娘のお花が陸路の人をあの手この手で足止めをした。いく日も遅れて京都に着いたときは、もう移転の決裁が下りたあとだった。人々は、あれはお寺のお花きつねだったのかと気付き、お花さんが移転したいのなら仕方がないと、すんなりと現在の場所に移転されたという。

愛らしいエクボ一つで円満解決をしたこの言い伝えが大好きだ。隣町の彦根には「ひ

（2）　大通寺：長浜市元浜町32-9　TEL：0749-62-0054

こにゃん」というニューヒーローが誕生した。お花きつねさんも、負けずに夢をまいてくださいな。

北国街道の長浜は、また秀吉の出世街道の一里塚である。

湖岸に長浜城の夢の址、豊公園がある。かつて水城だった長浜城は、船で出入りをすることができたが、豊臣家滅亡後は廃城となり、遺構はわずかな石垣と井戸だけである。

市民の憩いの場となった城址に、天守閣型の歴史博物館(3)ができた。噴水のある広場や洋式庭園、芝生の先に広がる松林、湖岸に出ると琵琶湖が茫々と広がっている。湖面を赤く染める夕陽は絶景で、大勢のカメラマンが三

福井へ抜ける重要な北国街道（写真提供：同行の友人）

脚を構える場所だ。

公園といえばお花見。秀吉がサクラを好きだったので城の周りに植えられた数百本のサクラは「日本の桜一〇〇選」にも選ばれている。でも、花はサクラばかりではない。梅林の間から眺める城は由緒正しい日本の春。「文句あるか！」の絵葉書的構図で、それもまた美しい。


春のうららを幼子が走ってくる。

「これこれ、あぶないよ」と、お供のおじいさんはカメラ片手に大変だ。

「ジイジイ、スズメ」

「おっきなスズメだなあ」

ヒヨドリを見ても、カモメを見ても、「スズメ、スズメ」と追いかける幼子を追うおじいさんは、今夜あたりたっぷりマッサージ機のお世話になるのだろうなあ。

公園の外を走る外周道路も、長浜港を埋め立てて造られた。広い歩道をのんびり歩けば、水辺の石垣で若者がトランペットの練習をしている。パーカッションとギターを持

（3） 長浜城歴史博物館：長浜市公園町10−10　TEL：0749−63−4611

ち寄ったグループもある。もちろん、暖められた石垣でトカゲのように気持ちよさそうに昼寝をしている人も、汗を流してマラソンに励む人もいる。さまざまな人がそれぞれに春を楽しんでいる。

沖に遠く、竹生島航路の船が行く。白砂青松の湖西もいいけれど、こんなにきれいならアスファルトの道だって悪くはない。ゆったりと美しければなんでもいいんじゃないの。

わたしって、本当に「チュートハンパヤナー」。

彦《ひこ》根《ね》

長浜から彦根に向かった。いつのまにか、湖周を三分の二ほど歩いたことになる。どこもかしこも美しかった。ところが、ここに来てだんだん湖岸が荒れてきた。なんだか、今までと様子が違う。

松林の遊歩道は「いちおう造りましたよ。だけれど、メンテナンスまでは手が回らないんですわ」と言っているように傷んでいる。そのうち、道端にゴミが目立ってきた。

「ゴミの放棄は犯罪です。見かけた人は警察に通報を」

なんていう看板が何十メートルおきかに立っている。道端はゴミ袋の切れ目がなく、とくに看板の足元はからかうように山積みになっている。岸を見れば、板切れや割れたプラスチック容器、小型の家電、折れた庭箒などが散乱している。水のなかにはピンクや青のプラスチックの破片が沈んでいる。

吹く風さえ臭う。すっかり歩くのが嫌になった。引き返そうかな……引き返したら琵琶湖一周が完結しない。うんざりしながら歩いた。

湖岸に沿って家が並んでいる。家と浜辺の間に、防風用だろうと思われるコンクリートの塀があった。路地から出てきた若者が、コンクリート塀の上から長い棒切れをひょいと投げ捨てた。ここの人にとって、浜辺は巨大で便利なゴミ捨て場なのだろうか。

湖岸を歩いて分かったことがある。湖岸が汚いと町に元気がない。あるいは、町に元気がないから経費が出ず、湖岸清掃ができないのか。卵が先か、鶏が先か。この地区の行政区がどこだか知らないが、ダントツぶっちぎりのワースト1だ。

浜が広くなってきた。土手の草の上にカモの大群がいる。こんな大群が草むらで日向ぼっこをしているのを初めて見た。安全なら、カモでも陸がいいのかしら。水鳥は驚くほど用心深い。はるか彼方なのに、近づく人間を察知していっせいに坂を下りる。ヨチヨチヨチヨチヨチ。歩くのが面倒になったものは、バタバタと羽ばたいて沖合いに飛んでいく。

彦根のホテルが見えてきた。お腹が空いたけれど、ウォーキング姿でホテルに入るのは気後れがする。もう少し適当なお店がないかと歩いていると、大きなショッピングモールができていた。いつの間にこんな施設ができたのか。休憩と食事にちょうどいいが、町中の商店街は淋しくなるだろうな。

大きな工場跡地だったショッピングモールは彦根城のすぐ裏だ。外濠伝いにお城に向かった。外濠、内濠も、城内まで船で出入りができるように琵琶湖から引きこまれている。琵琶湖が近畿の大動脈だった跡は、どこを歩いても残っている。琵琶湖の端をていねいに歩いてみると、滋賀は琵琶湖に支えられた国だと、つくづくその恩恵が実感できる。

外濠沿いの佐和口多聞櫓に向かう立派な松並木は、大名家の松並木という江戸時代そのままの雰囲気を残している。昔は四七本あったので「いろは松[1]」と呼ばれているそうだが、松もだんだん枯れてしまい、今は何本残っているのだろう。

日あたりのよい松並木の根本で、忍者が時の経つのも忘れて眠り呆けていそうな気がする。それほど彦根城は古色蒼然とした夢のなかにあった。その夢のなかに、若き勇者「ひこにゃん」が躍りこんだ。

二〇〇七年（平成一九）、築城四〇〇年祭の大イベントで天守閣も化粧直しをした。ポスターもつくった。しかし、なんといってもイベントのマスコット「ひこにゃん」の活躍にはかなわない。子どもも大人もひこにゃんの愛らしさにつられて彦根に向かう。町中に観光客があふれ、人々はお城へと吸い込まれていく。お土産物屋さんの店頭はひ

（1）　いろは松：2008年、景観重要樹木として彦根市が第１号指定した。現在は33本となっている。

こにゃんだらけだ。小さな子の腕には、しっかりとひこにゃんが抱かれている。多くのイベントが打ち上げ花火のように儚《はかな》く終わる。あれも夢、これも過ぎ去りし夢よ、なんてことにならないように、かわいいひこにゃんにはまだまだ頑張ってもらいたい。

彦根城は、姫路城や熊本城のように巨大でもなく、開放的でも華麗でもない。たとえれば、幽玄の薄闇のなかに立っている。湿った雪が降る土地のにおいを抱えこんだ城、湖国の水のにおいがする。

彦根城博物館(2)に展示された大名道具の凄さ、嫁入り道具の華麗さ、雛道具の精巧さ、女駕籠のきらびやかなこと。能装束の箔、螺鈿、彫り、縫い取りの美しさなど、なにを見てもただ絢爛としかたとえようがない。井伊家の力に圧倒される。

彦根といえば国宝の「彦根屏風」が有名だが、愚かにもわたしは屏風は彦根の名産品だと思っていた。お土産用の小さな屏風がたくさん売っていると思い込んでいたのに、そんなものはどこにもなかった。

友人の名刺には、その彦根屏風の代表的な図柄、色っぽい若衆が太刀に腕をかけて振り返った絵が刷ってある。わたしは、それがうらやましくてしかたがない。なんとかそれに負けない滋賀県らしい粋な図柄をと探しているが、さすがに国宝だけあっていまだ

（2） 彦根城博物館：彦根市金亀町1-1　TEL：0749-22-6100

に対抗できるだけの絵が見つからない。

彦根屏風のレプリカは無理でも、和ロウソクなら買える。キャッスルロードの美しい絵ロウソクが並んでいる店に入り、手に取ってみた。買おうかどうしようかと迷った挙げ句、今回もまた買わなかった。高価で美しいロウソクは、一度火をつけたら終わりである。美しい模様にロウの涙が滴り、溶けて崩れてゆく。火も付けず飾っておいても意味がない。ロウソクは、火を灯してこそ美しい。迷いに迷って、いつも買わずに手を放してしまう。

電気のない時代、ロウソクは非常に高価なものだった。庶民は品質の悪い、煙もにおいもひどい魚の油を大事に使った。ロウソクは、富裕層の特別の日に使うものだった。だから、

城下町をイメージしたキャッスルロード　© Biwako Visitors Bureau

美しい装飾を施された絵ロウソクはとても贅沢な品なのだ。それは、どんどん高級化して庶民の手を離れていく着物に似ている。

彦根在住の友人に案内されて、能楽堂に入ったことがある。その日は催し物がなかったが、だれもいない客席に腰を下ろして「ここでお能を観ようね」とした約束が、果たせぬまま何年もすぎてしまった。友人も転居してしまった。でも、彦根城でお能を観るのは諦めていない。わたしは、結構しつこい。

石垣の間を上って廊下橋の下に出た。こんな橋はほかのお城で見た記憶がない。万が一のときに備えた守りだろうけれど、不思議の国に迷い込んだような気がして、わたしはこの橋がとても好きだ。この橋を渡ると違う世

国宝彦根城の天守閣　© Biwako Visitors Bureau

界が待っている。どこか不思議な非現実……橋にはそんなときめきがある。

冷たい廊下を踏んで三層の天守の上階に出た。眼下には琵琶湖が広がっている。琵琶湖を支配している、国を治めている、ここに立つとそんな支配者の目になってしまうのも無理はない。低い所から見上げていては話にならないが、あまり高すぎても駄目なのだ。比良や伊吹の山頂から眺めても鳥瞰図に圧倒されるだけ。天守閣くらいの高さが支配者の目にちょうどいいのかもしれない。天守閣は守りの要でもあるけれど、支配者の意識を育むのにも役に立っていたにちがいない。

玄宮園の庭園を観て、部屋住みのころに井伊直弼（一八一五～一八六〇）が住んでいた埋木舎の前を通って内濠沿いに大手門に戻った。お濠には、白鳥と黒鳥が泳いでいる。昔日の栄華の跡を堪能し、ふと、しょせんこの世はオセロゲームなんて思うのはうがちすぎだろうか。

市民病院の傍を犬上川が流れている。琵琶湖に注ぐ一級河川だ。わたしはこの川を見るのをとても楽しみにしていたが、なんということのない、藪に囲まれた小さな流れだった。一級河川の規格ってなんだろうか。大河の利根川も信濃川も小さな犬上川も、同じ一級河川だって？

犬上川一帯は渡来人の多い伝説の地だ。この地を舞台に手塚治虫（一九二八〜一九八九）は『火の鳥　太陽編』で、仏教と産土神《うぶすな》との争いを、侵略する者とされる者の戦いという壮大なドラマに仕立てている。

犬上神社は、(3) 日本武尊《ヤトタケルノミコト》の子孫である武部宿禰《タケベノスクネ》（犬上宿禰）が開いたと伝えられる。祭神・稲依別王命《イナリワケオウノミコト》が土地の人を苦しめる大蛇退治に出かけたところ、あたりに不審なものはないのに犬があまりに吠えるのでその犬の首を切り落としたところ、首が飛んで松の上にいた大蛇にかみついた、という忠犬伝説もある。

伝説のなかでも犬はなんと哀しいのだろう。わりに合わない役ばっかり。そういう古代ロマンを想い描いていたので、藪椿の落ちる小さな川に拍子抜けした。でも、わたしはめげない。ロマンを探すにはもっと上流に行かなければならないのだ。今度は、この土手を多賀まで、いや源流の永源寺の奥までも辿ってみよう。

今では想像もできないが、この川もかつては暴れ川だったという。上流に犬上ダムができて川はすっかりおとなしくなり、そして忘れられた。

（3）　犬上神社：犬上郡豊郷町八目41　問い合わせ先：豊郷町役場
TEL：0749-35-8111

伊崎寺《いさきじ》

一枚の写真が目を惹いた。狭いお堂のなかに、裸の若者がひしめきあっている。あどけなさの残った少年もおり、不安と期待と晴れがましさに緊張した顔だ。ほの暗いお堂の佇まいにも詩情がある。

知人の所属するアマチュア写真クラブの作品展の一枚だ。「伊崎寺の竿飛び堂ですよ」と、クラブの人が教えてくれた。報道陣も出るが、アマチュアカメラマンも船をチャーターして駆けつけるらしい。

伊崎寺の竿飛び行事は、何度かニュース番組で見たことがある。湖中に突き出した巾三〇センチほどの角材の先端から、若者たちが次々と湖に飛びこんでいく。比叡山の修行僧がはじめたといわれるこの行事は、毎年八月一日に行われていたが、時勢にあわせて最近は八月の第一日曜日に行われているようだ。

長さ一三メートル、高さ七メートルの板の先端から飛びこむのだが、バランスを崩して先端まで行かないうちに落ちる人もいる。わたしなどは、三歩も歩いたら恐怖のあまり板にへばりついてにっちもさっちもいかなくなる。
男の子ばかりでなく、女の子もおじさんも飛びこむ。みんな勇ましい。夏の陽射しのなかで、大勢のカメラマンや観客が見つめている。晴れ舞台！　カッコよくみなポーズを決める。決めるつもりが落っこちる。楽しそうな光景が印象深い。

伊崎寺(1)はどこにあるのだろう。地図をたどると、近江八幡市の長命寺から湖岸沿いに北上した岬の先端にあった。かつては島だったという。古い地図を見ると、たしかに川に隔てられた小島だった。

田んぼの向こうに琵琶湖を隔てる堰堤が続いている。堰堤の内側の、この田んぼが灌《かん》漑《がい》された所なのだろう。でも、長命寺山に続く岬は車道こそ通っているが崖と山道だ。ここのどこが埋立地なのか、今、その現場に立っても島だったころの面影がない。

伊崎寺へは、ＪＲ近江八幡駅から国民宿舎行きのバスに乗って堀切港で降りると近いが、わたしは南彦根から歩いた。なにしろ、琵琶湖一周ウォークを完歩しなければならないから。湖岸に沿って何も考えず、地図も持たずにぐんぐんと歩いた。水辺を歩いていれば勝手に一周するんだからまちがえっこないじゃない、なーんて甘く考えていた。

（1）　伊崎寺：近江八幡市白王町　TEL：0748-32-7828

ホテルや美しい遊歩道が続く新海浜水泳場の松林のなかを誘いこまれるように歩いていくと、愛知川の河口に出た。広い川の向こうに見える小山が伊崎寺だろう。橋はない。川岸を見ると一キロも上流に橋が見えている。後日、地図で確認すると三キロほど遠回りしたことになる。やはり、地図は持ったほうがいいなあ。

「わたしの旅は急ぐものではないし、予定があるわけでもない。歩き疲れた所が今日の終点だから」

と、負け惜しみを呟《つぶや》きながら愛知川の土手を遡《さかのぼ》り、お行儀悪くガードレールを跨《また》いでようやく橋の上に出た。対岸から、琵琶湖一周ツアーの団体がガイドの旗を先頭に歩いてくる。琵琶湖一周は、今ブームだから一〇〇人を超えるような大きな団体だ。すれ違うとき、土手の下からガードレールを跨いで現れたわたしを、胡散臭そうに見ていった。ツアーで歩けば、そりゃあ合理的に歩けるだろう。でも、野の花も鳥も、波のきらめきも見ている暇はなさそう。遊びだから、マイペースでときどきドジを踏むのがまた楽しい。

中の湖橋を渡って国民休暇村に向かう道を行くと、田んぼのなかに道標があった。「伊崎寺二キロ」と書いてある。農道のような道に折れてまもなく、竹藪の山道に「伊崎寺」

と書いた木の柱が立っていた。もう二キロも歩いた？　いくらなんでもへんだ。きっと、道標がまちがっている（実際、おかしな道標を全国各地で見かけるので、わたしはあまり信用をしていない）。

竹や杉に囲まれた道は鬱蒼《うっそう》としている。とても境内に入ったとは思えない。道幅は一メートルほどあり、しっかりしているが、地表に出ている岩は苔むしている。崖側は、琵琶湖に落ちる急斜面で、山側は少し荒れた森だ。ギャアギャアと、うるさい鳥の声がする。あの悪声はカケスだろうか、エナガだろうか。

風に枝のなる音がする。寄せる波の音がする。ペタペタと自分のスニーカーの音がやけに大きく響く。人気《ひとけ》のない平日を選んで来たが、これほど静かだとは思わなかった。暗い山中は薄気味悪く、怖気《おじけ》つく心を励まして歩いた。

さっきの入り口からいくら歩いてもお寺に着かない。二キロという標識は、この山道

伊崎寺の石段の途中にある山門
（写真提供：同行の友人）

を含んでいるのだとしばらくたってから気がついた。どんな思い違いも他人の所為《せい》に転嫁する、おばさんはやはり強し。

　道が少し下り坂になった。その下の少し開けた場所に無住のお寺が見えた。そこだけ、明るく陽があたっている。明るい場所に出てほっと緊張がほぐれた。

　山中の寺だから、平地と呼べるほどの場所がない。本堂と寺務所とトイレは、それぞれ数段の石段でつながっている。本堂の脇を回ってさらに道が延びており、五分足らずで竿飛びの竿が見えた。竿は行事の日だけ設置されるのかと思っていたが、そのままにしてあった。これだけの角材を、足場もない場所で設置するのも片付けるのも大変なことだろう。

　竿に下りる道は柵がしてあり、「立ち入り禁止」の札がかかっていた。これまでに、無断で飛びこんで死亡したという事故も起きて祭りが中止になったという年もあったらしい。今年も各地で、裸祭りなどが「ワイセツだ」「神事だ」と物議をかもして、テレビでその様子が放映された。その結果、観光客が例年以上に増えたらしいが、地元は宣伝の功罪に痛し痒しなのかもしれない。

　一〇〇〇年以上も続いた祭りが観光化して、時間とともに変質していってしまう。「危険だ」「ワイセツだ」などと、思ってもみなかった理由で規制の輪がかけられるほど淋しいことはない。地元の祭りは地元の人々のもの。邪魔をしないように、そっと楽しませてもらうのがエチケットだろう。

竿の上の岩場にお堂があった。写真では洞窟のような印象があったが、実際の竿飛堂は京都・清水寺の舞台を小さくしたようなものだった。

湖上に張りだした回廊は明るい。「土足禁止」の札が出ていたので、靴を脱いで回廊に立った。目の前に、とうとうと波が寄せてくる。波の音と風の音、それだけがすべてだった。

天と地の水のあわいに自分だけが立っている……見飽きることのない荘厳な景色だ。はるか沖を、小さな釣り舟が通っていく。悠久の景色だ。

寺務所まで戻って別の石段を下りてみた。石段の脇に藪椿の巨木があった。赤い花が点々と石段に散っている。白い石段と緑の苔と赤い花、動くもののない境内にそこだけ鮮やかな赤が散る。陽は石段に燦然《さんぜん》と躍っていた。

少し下で石段は直角に曲がっていた。曲り角に立つと、目の下に山門があり船着場があった。そういえば、山道を上がってきたときには山門がなかった。やはり、伊崎寺は小さな島だったのだ。人々は船で参詣に来た。入り江に船を着けてこの山門をくぐったのだ。古色を帯びた山門の脚は、今も力強く瓦屋根を支えている。古いが、力に満ちた山門だ。

栈橋はアルミ製のしっかりしたものだった。もう、船で参詣に来る必要はない。お寺に物資を運ぶため、そして竿飛びの日に活躍する栈橋だろう。栈橋の先の岩礁を回った所が竿飛びの場所だが、ここからは見えない。水に飛びこんだ人たちは船に引き揚げられ、ワイワイと言いながらここから陸に戻るのだろう。たった一日の、祭りの日以外は静まり返った栈橋である。

石段の間に、ハコベやムグルマソウが萌えだしている。銀緑を帯びた柔らかな若葉は、石の間に吹きだした緑青《ろくしょう》のようだ。地味だけれど、一つ一つはとてもかわいい小さな花。石段の秘密の花園。だれもいない湖国の春。

この日、春はわたしのためだけに笑ってくれた。

沖《おき》島《しま》

サクラの花も散ったころ、アヒルグループの面々と沖島に湖魚料理を食べに出かけた。渡し舟の出ている堀切港まで行くのが面倒だったので駅前の観光案内所で尋ねると、長命寺港からも昼近くに一便ある、と言う。

長命寺(1)の港で船を待って遊んでいると、軽トラックが停まった。買い物帰りらしいおじさんが、スーパーの袋を下げて舫《もや》ってあった船に向かっていく。物怖じなどしない、だめでもともと、なんでも聞いてやろうという逞しき友人が、「おじさん、沖島に行くなら乗せていってくれない?」と交渉をはじめた。話はうまくまとまり、おじさんの帰り船に便乗した。

二〇人ほど乗れる船内は窓際がベンチになっていて、座布団も並んでいた。この船は、町への足にもなれば魚も捕り、チャーターに応じて島への客の送迎もしてくれるという。よいことを聞いた。わたしたちは、この日以後も何度か沖島に出かけたが、そのたびにこのおじさんに頼むようになった。行きも帰りも、希望の時間に来てくれるので重宝し

(1) 長命寺:近江八幡市長命寺町157 TEL:0748-33-0031。西国三十三カ所第31番札所。

ている。

船は、長命寺山に沿うように進んでいく。山陰に遅咲きのサクラが白く咲いている。水辺の崖の上に立つペンションや喫茶店が見える。車が緑のトンネルになった若葉の下を窓ガラスをきらめかせて通りすぎていく。二〇分足らずの船旅だが、はるばると遠い地を旅しているような錯覚を起こしてしまう。船旅は非日常へ誘い道、心に新鮮な風が吹きわたる。

沖島は、島の先に小山がちょこんとある。その小山と島全体の山とのわずかな隙間がこの島の平地の全部だ。そこに、一五〇戸の家が密集している。車の走れる道路もないし、車を必要するほどの距離もない。昭和三〇年

参拝客の絶えない長命寺（写真提供：同行の友人）

代くらいまで島民は、男は漁業に、女は対岸の小田浜や水が浜にある畑まで船で農作業に通っていた。今は、小田浜は国民休暇村になり、水が浜も保養地になっている。どちらもすばらしい景勝地だ。

約束の時間より早く島に着いたのでケンケン山に登ってみた。

家のすき間を抜けるとすぐ山道になる。急斜面を登ると墓地があった。墓地の脇から道はさらに急になり、露出した岩にヒトツバが群生していた。湿った岩を好むヒトツバは、ビワの葉に似た大きな葉を文字通り一つだけつける。幹もなければ茎もない、葉っぱ一つが岩にしがみついている。シダの仲間の奇妙な植物だが、花は咲くのだろうか。

滑りやすい所なので慎重に登ると、なだらかな尾根に出た。見晴らしのよい場所の木が切り払われてサクラが植えてあった。まだ若いサクラはヒョロヒョロと頼りないが、数年もすれば島のお花見広場になるだろう。

サクラほど愛されている木はない。日本人は国を挙げてのサクラ狂いだ。ほかの国で、一つの花をこれほど愛する民族っているのだろうか。対岸に、堅田や坂本の町が見える。比良や比叡が空を区切っている。

沖島も、昔は漁業権や湖上の運用権をめぐって堅田と激しく争ってきた。茫々とした湖のほとりで、人々は利権をかけて闘い、生き抜いてきた。今も昔も、世界中で同じようなことをやっている。争わず、穏やかに暮らしていたら、いつの間にか自分の居場所がなくなってしまう。闘うのもしんどい、穏やかに暮らしてもいられない……生きてゆくのは厄介なことだ。

サクラの根元にたくさんのワラビが出ていた。ワラビ採りが初めての友人は、最初はとまどっていたが、やがてワラビの見分けがつくようになるとすっかり夢中になった。収穫は上々、これでワラビ採りの敵がまた一人増えてしまった。どこかの山でワラビ採り大会をしなければならないかな。

約束の時間に港に戻ると、予約をしてあった漁師のおじさんが迎えに来てくれていた。家々の間は人一人がやっと通れるほど。迷路のような道は、迎えに来てもらわなければとてもたどり着けない。あまりに家が建てこんでいるので、どこも暗く湿っぽい。その暗い道に猫がいた。

「犬は一匹もいませんわ」とおじさんが言う。

猫だけの漁師の島か。そういえば、漁村には猫が多い。

玄関を入ると家のなかも暗かった。薄ぼんやりと蛍光灯がついている。それでも、いくらか光の入る部屋に料理が並んでいた。鯉の煮付けと洗い、ゴリの佃煮、鱒の塩焼き。大きな鱒は切り身で、小さな鱒は一皿に二匹も乗っているので最初は同じ魚だと思わなかった。

食い意地のはったわたしたちは、「あんたと魚が違う」とか「わたしにはそれがない」とワイワイ言っていると、おじさんが「同じ魚だよ。なかなか大きさが揃わないんでねえ」と、お腹を空かせた猫をなだめるような顔をして説明してくれた。

魚の大きさが揃わないのも、いかにも今朝、一生懸命捕ってきました、という感じがして好ましい。

「冬は湖が荒れるので、いつ漁に出られるか分からないのでお休みだよ。忘年会はだめだねえ。六月になれば鰻が捕れるよ。琵琶湖の鰻はおいしいよ」とおじさんは言うが、わたしは鰻は苦手。やはり、春か秋がいい。

かつて沖島は、無尽蔵と言っていいほどのシジミが捕れたそうだ。質の瀬田、量の沖島だったらしい。そういえば、港の通りにも夥しい貝がらが捨ててあった。昭和三〇年代に農薬が琵琶湖に流れ込むようになり、シジミは壊滅状態となった。

大きいと言っても、琵琶湖はやはり閉ざされた場所だ。魚群探知機や集魚灯のようなものを使えば魚はたちまち捕り尽くされてしまうので、琵琶湖ではこれらの機器を使うことが禁止されている。待ち伏せ漁が長いこと行われてきたのは、資源を枯渇させないための知恵なのだ。

琵琶湖の風物詩のようなエリ。漢字で書けば「魞」。魚に入るとは、なんとうまい字を考えるのか。琵琶湖の景観をそこねるとか、待ち伏せは卑怯だとかと言って嫌う人もいるが、わたしはそうは思わない。

夕焼けの湖面に突きでた竿の先に、羽を休める水鳥がシルエットになって浮かぶ。詩情あふれる風景だ。魚を捕りすぎないために、じっと待ち伏せをして捕れた分だけで満足する。「足るを知る」という先人の知性、品性を感じる。

それほどまでにして守ってきた水資源が外来魚に食い荒らされている。「釣り人の楽しみを奪う権利があるのか」と一部の人は言うらしいが、とんでもない暴論だ。楽しみにも自制ということが必要だ。

「エリの設置費用は数百万円かかる」と聞いて驚いた。それに、軽く一〇〇〇万円を超える船と年々減る一方の漁獲量。琵琶湖の漁業を見かぎる人も増えているらしい。琵琶湖は、いつまで「母なる湖」でいられるのだろうか。

　料理は盛りだくさんで、とても食べきれなかった。あまった分はお持ち帰り用のパックに包んでもらい、外に出て港に沿って歩いていった。家の前の防波堤にはぎっしりと船が舫《もや》ってある。家々のわずかなすき間にも花や野菜が植えてあった。南の陽を受けて、手入れの行き届いた花や野菜はどれも立派に育っている。

　ああでもない、こうでもないと、他人の作物の無責任品評会をしながら小学校まで行っ

懐かしい風景、沖島にある小学校（写真提供：同行の友人）

た。こういう場面になると、アヒルのガアガア舌鋒が冴えわたってくる。

老朽化した校舎は、一九九五年（平成七）に現在の場所に新築移転された。島の分教場という雰囲気いっぱいの小さな木造二階建ての校舎だ。腰板には、クロスした彫刻のような模様が見える。この小島に、無粋なコンクリートの校舎などは似合わない。緑の島に溶け込んだ、なんとステキなセンスだろう。

生徒は七人、先生は校長先生と養護教員まで入れて五人。まるで家族のような学校だ。子どもたちは、弾けるように笑うのだろうな。授業中なのか校内はひっそりしていた。

島に暮らすということは不便なことも多いだろう。現実は厳しいけれど、ここにいると何物にも追われない、ゆったりとした時間がすぎてゆく。日常の忙しさに押し潰されそうになったら、島内をゆっくり歩いてみよう。心が深呼吸をはじめるだろう。

近江八幡《おうみはちまん》

風光明媚な所だ。観光ポスターの惹句《じゃっく》のようだが、それがよく似合っている。深い入り江と葦の繁る水郷、豊かな平野、点在する小山が単調になりがちな風景を引き締めている。西の海に続く葦の間に、水郷めぐりの手漕ぎの舟が浮いている。

何年も前の話だが、一一月下旬にその屋形船三艘を借りて、気の早い忘年会をしたことがあった。年老いた船頭さんが、なれた手つきで櫓を漕いでいく。舟にすき焼きを用意してもらい、肉をつっつき、前後の舟と掛け合い漫才のような冗談を飛ばしたりと、食べたり喋ったり賑やかで楽しい趣向だった。枯れ葦のなかの水路には、ホテイアオイだけが青々と浮いていていた。

春ならば土手は満開のサクラとなり、江戸時代のお大尽気分で舟遊びができるだろう。実際、ここはよく時代劇のロケにも使われている。船頭さんも、もしかしたら船頭役で出演したかもしれない。だって、役者の俄か演技では、あの年季の入った腰つきは難しそうだもの。

西の湖に出ると、舟を三艘並べて船頭さんたちは一服した。そのときの光景を思い出すと、そんなことはないと思いながら、どうしても一番年配の船頭さんがキセルを使ってタバコを吸っていたような気がしてならない。それではあまりに時代劇的すぎる。わたしの思い過ごしと頭を振っても、やはりキセルの光景が目に浮んでくる。もう一〇年もしたら、ぼんやりした頭で、船頭さんはチョンマゲを結っていたなんて言いだすかもしれない……おお、怖い。

琵琶湖から八幡城の内堀まで水路を開き、物資の運搬の便利を図ったのは豊臣秀次（一五六八〜一五九五）だ。豊臣秀吉の養子となった秀次は、信長の安土城が滅んだのち、安土の民を八幡に呼んで城下町を整えた。町を整備し、城下を発展させた秀次は良き領主だったようだが、秀頼が生まれたことから秀次の悲劇がはじまった、というか、豊臣家の悲劇が幕を開けたのだ。

秀頼を盲愛した秀吉は、晩年にやっと生まれた幼子の安泰を願い、行く末の小石一つも取り除いておきたかった。そうなると、養子の秀次は秀頼を脅かす大きな心配の種だった。とうとう自刃《じじん》に追いこまれた秀次とその妻妾《さいしょう》、子どもまでの一族は、死に追いやられて城は廃城になった。しかし、近江商人は逞しい。城はなくなっても町は廃《すた》れず、昨今もますます発展している。

朝のホームで電車を待っていたら、女子高校生が「なあなあ、知ってる？　朝は朝星、夜は夜星、昼は梅干」などと言っている。

「なにそれ？」

「先生が言っていたもの。近江商人はそうやって全国を行商して、食べるものも節約して豪商になったんだって」

駅のホームで女子高生たちの話を聞いて、近江生まれの知人をふっと思った。たしかに、あの人は朝は朝星、昼は梅干だわ。働き者の節約家、近江商人の血が濃いのだ。受け継がれたＤＮＡがしっかりと流れている。近江の人はそうやって天秤一つで全国に行商に出かけ、財を故国に持ち帰って天下に名高い近江商人の礎をつくった。

近江商人のふるさとは日野だと思っていたが、認識不足だった。近江八幡も湖西の近江高島も、近江商人と言われる豪商を出した地だという。ただ、扱う品物がそれぞれ違っていた。八幡堀に、そんな豪商たちの蔵が並んでいる。

かわらミュージアム(1)への小道を歩くと、瓦を焼いた窯のレプリカが展示してある。か

（１）　かわらミュージアム：近江八幡市多賀町738-2　TEL：0748-33-8567
（２）　日牟禮八幡宮：近江八幡市宮内町257　TEL：0748-32-3151

つて、ここは瓦の生産も盛んだったようだ。「あんたもここに入って焼いてもらったら」と、口の悪い友人たちが早速に混ぜ返してくる。

館内にはさまざまな瓦や寺社の大屋根の写真などが展示してあるが、わたしはどうも瓦には関心が向かない。屋根の上のものは高すぎて、日常生活から離れすぎている。それよりも、水路に下りて見上げるミュージアムの幻想的な佇まいに旅情を掻きたてられた。

石垣や蔵の間を流れる堀に屋形船が行き交う。水が揺れ、木陰が揺れる。日牟禮八幡宮(2)へ渡る白雲橋の下を、水の緑に染まりながら舟が行く。日本的でありながら日本ではない、幻の世界の美しさだ。

八幡堀沿いにある「かわらミュージアム」

エンジンを載せた観光船の船頭さんは若い女性が多い。ゆるゆると通りすぎる舟にハッピ姿もさっそうとした娘船頭が爽やかだ。戻ってくる舟と狭い水路でどう行き違うのかと見ていると、手なれたものでなんなく行き交う。当たり前だけれどホッとする。どこを撮っても絵になる風景のなかで、観光客のレンズが舟を追っている。

人々を魅了して多くの観光客を集めるこの堀も、かつては荒廃していた。運送がトラックに取って変わられ、荒れ果てた八幡堀を埋め立てて道路にする計画があったそうだ。青年商工会議所や有志たちの熱心な保存運動(3)が実って、その道路計画は消えた。

長い努力の末によみがえった八幡堀は、二

運河として栄えた堀は、現在、人気の観光スポットになった
（写真提供：株式会社たねや）

〇〇六年（平成一八）に重要文化的景観の指定を受けている。壊すことは簡単だけれど、再生するには何十倍もの、いやそれ以上の努力が必要だ。努力の美しい実を結んだ八幡堀に、連日、大勢の観光客が訪れている。

あのときに埋め立ててしまったら、近江八幡はこれといった特色のない平凡な一地方都市になっていただろう。町には町の個性が必要だ。日本中平均化してしまった町並みのなかで、近江八幡はキラリと光っている。

日牟禮八幡宮を通りすぎ、ロープウェイで八幡山に登ると一気に視界が開ける。琵琶湖の上にそびえる比良、比叡、そして逢坂山（三二五メートル）から音羽山（五九四メートル）までが一望できる。振り向けば、眼下に箱庭のように広がる近江八幡の町並み。安土山や観音寺山が田畑の緑に連なっている。こんな所で、朝夕城下を見下ろしていたら、お殿様はついつい尊大になるのも無理がないかな。

日牟禮八幡宮に下りてくると、神殿が幔幕《まんまく》に覆われており、雅楽の音が聞こえてきた。今日はお祭りかしら、と思っていると社務所から新郎新婦が出てきた。立派な装束で盛装した神主に導かれ、新郎は社殿の前を通って右側へ、新婦はそのまま左側へ進んでい

（3）　八幡堀の保存運動：川端五兵衛著『まちづくりはノーサイド』ぎょうせい、1991年を参照。

く。居合わせた観光客で人垣ができ、「おめでとう、おめでとう」と言う声が二人に降りそそがれる。新婦は笑いすぎというほどの満面の笑みだったが、新郎は緊張していたのかロボットのようなぎこちない足取りだった。

結婚式場でプログラム通りスムーズに進む式も楽だけれど、こうして通りがかりの見知らぬ人たちの祝福を受けるのはステキだ。空気までが幸せ色に染まるよう。観光客も嬉しそうに笑っていた。

白雲橋を戻ると、その正面に白雲館(4)がある。明治初期に建てられた洋館の学校だが、現在は観光案内所になっている。一階はパンフレットや地場の産物などが並べられたただのレトロなお土産コーナーだが、階段は、お尻の膨らんだ長いスカートをはいたアメリカ婦人が今にも下りてきそうな雰囲気が漂っている。古き良き時代のアメリカが、階段に色濃く残っている。

一九〇五年（明治三八）、アメリカから英語教師として来日したウィリアム・メレル・ヴォーリズ（一八八〇〜一九六四）は建築家としての才能を発揮して数々の建物を各地に残しているが、まだまだ貧しかった日本の田舎でいち早く洋風建築やアメリカ人教師を招いた近江八幡市は、豪商たちの財力ももちろんだが、進取の気風の強かった土地な

（4） 白雲館：近江八幡市為心町元9　TEL：0748-32-6181

のだろう。町を歩くと、単にレトロなだけでない生活する町としての力強さを感じる。

新町通りには、豪商たちが住んでいた古い屋敷が並んでいる。このあたりの番地を頼りに、ある家を訪ねたことがあった。電柱や表札を見て歩いたが、番地がどこにも書いていない。他所の町では、「〇〇町〇〇番地」と電柱に貼ってある。まったく見当たらないので家々の表札を見ると、これも見事にチョコレート色にくすんでしまって文字が消えている。これではまったく表札の用を成していない。ただの汚い木切れなど外してしまえばいいのに……。でも、町の人には表札などなくても用が足りるのだろう。旧家の多い町は人の出入りも少ないのだ。それに、表札など空気ほどにも意識はしていないのかもしれない。

困り果て、町角のお菓子屋さんで訪ねると、親切に住居表示の大きな地図を出して調べてくれた。目的の家は、お菓子屋さんからほんの少し行った所だった。お菓子屋さんには手間を取らせてしまったが、よそ者が入りこむのを拒んでいる町かもしれないと、ふっと思った。

安土《あづち》

安土という名前なら、だれもが「聞いたことがある」と答えるだろう。「それはどこにあるの?」と問えば、「さあ?」と、夢まぼろしのような顔をする。歴史の授業でも、安土桃山時代とひとくくりになっている。桃山時代とは言うが、安土時代とは言わない。なんだか、ついでに付けておこう、みたいに扱われている。

ＪＲ近江八幡駅を発車して電車が彦根に向かうと、線路ぎわの小山に「安土城址」という大きな看板が出ている。「へえ〜、安土城ってこんな山のなかにあったんだ。田舎〜」というのが第一印象であった。わざわざ途中下車なんてする気にもならない。

その安土山（約八〇メートル）と向かいあうように繖山《きぬがさ》（四三三メートル）がある。山頂近くに西国三十二番札所の観音正寺(1)があるので「観音寺山」とも言われている。ここに、佐々木六角氏の観音寺城があった。中世の山城としては全国有数の規模を誇る城址には、土塁や石垣が残っている。写真で見ると、木立の緑を映した石垣は、過ぎ去った栄光の日々を偲ばせるに充分な美しさがあった。

（1）　観音正寺：蒲生郡安土町石寺　TEL：0748-46-2549

五月の爽やかな日、数人で観音城址を訪れた。安土駅を出て、桑実寺《くわのみでら》(2)への案内板を頼りに歩いた。観音正寺といえば厳しい石段で有名だ。この日は歩きなれていない人が多かったので、少しでも楽な道をという思いから桑実寺コースを選んだ。桑実寺にお参りする人は少ないのか、苔むした石段は少し荒れている。両脇にシャガや盛りをすぎたツツジが残っていた。

「ゆっくり、ゆっくり」と声をかけ、休みながら登った。石段の下を流れる水の音がする。アオキの茂みの向こうから小鳥のさえずる声がする。そんな森のなかを登っていると、左手から長命寺からの巡礼道が合流していた。長命寺から歩けば西の湖を通って三時間強か。長命寺の石段もなかなか手強い。

最近の札所めぐりはスタンプラリーのようになってブーム化しているが、そのほとんどが車だ。ひたすら歩いた時代に、人は何を願って巡礼をしたのだろう。思いの強さはスタンプラリーの何千倍か。歩いて歩いて、苦労の果てに納得できる何かを得ることができたのだろうか。

なるべく楽に歩けるコースを検討するまで、桑実寺というお寺の存在をわたしは知らなかった。寂れた山寺くらいの認識で、桑実寺の石段を登った。拝観料を払って本堂の

（2）　桑実寺：蒲生郡安土町桑実寺675　問い合わせ先：安土町観光案内所　TEL：0748-46-4234

前に立つと、まずその格式の高さに驚いた。天智天皇勅願という古寺の本堂は、桧皮葺き、蔀戸《しとみど》の窓という古い建物で重要文化財に指定されている。

蔀戸が開けられ、差し込む自然光で内部が拝観できる。こんな建物があるとは思っていなかったので嬉しくなったわたしは、蔀戸のすき間から内部を覗いた。奈良時代から止まったままの時間が沈んでいる。陽の光にぼんやりと見える戒壇は、時空を越えて鎮まっていた。寺名の由来は、中国より持ち帰った桑をここに植え、養蚕を最初に行った地だからだという。

滋賀県は都への交通の要所だったため、どこに行っても史跡だらけだ。でも、華やかな京都の陰に埋もれてしまうのか、その割には世間に知られていない。アピールが下手なのだろうか。

本堂脇の坂を登ると、道はまったくの山道になって歩きなれていない人にはかなり辛い。足が攣《つ》っただとか、胸が苦しいとか、さまざまな訴えが聞こえてくる。荷物の調整をして、さらにゆっくりと登った。道が平坦になった所に門のような石垣が現れた。石垣のなかは観音寺城の本丸跡だった。柔らかく草が萌える広場を囲んで、土塁や石垣が残っている。

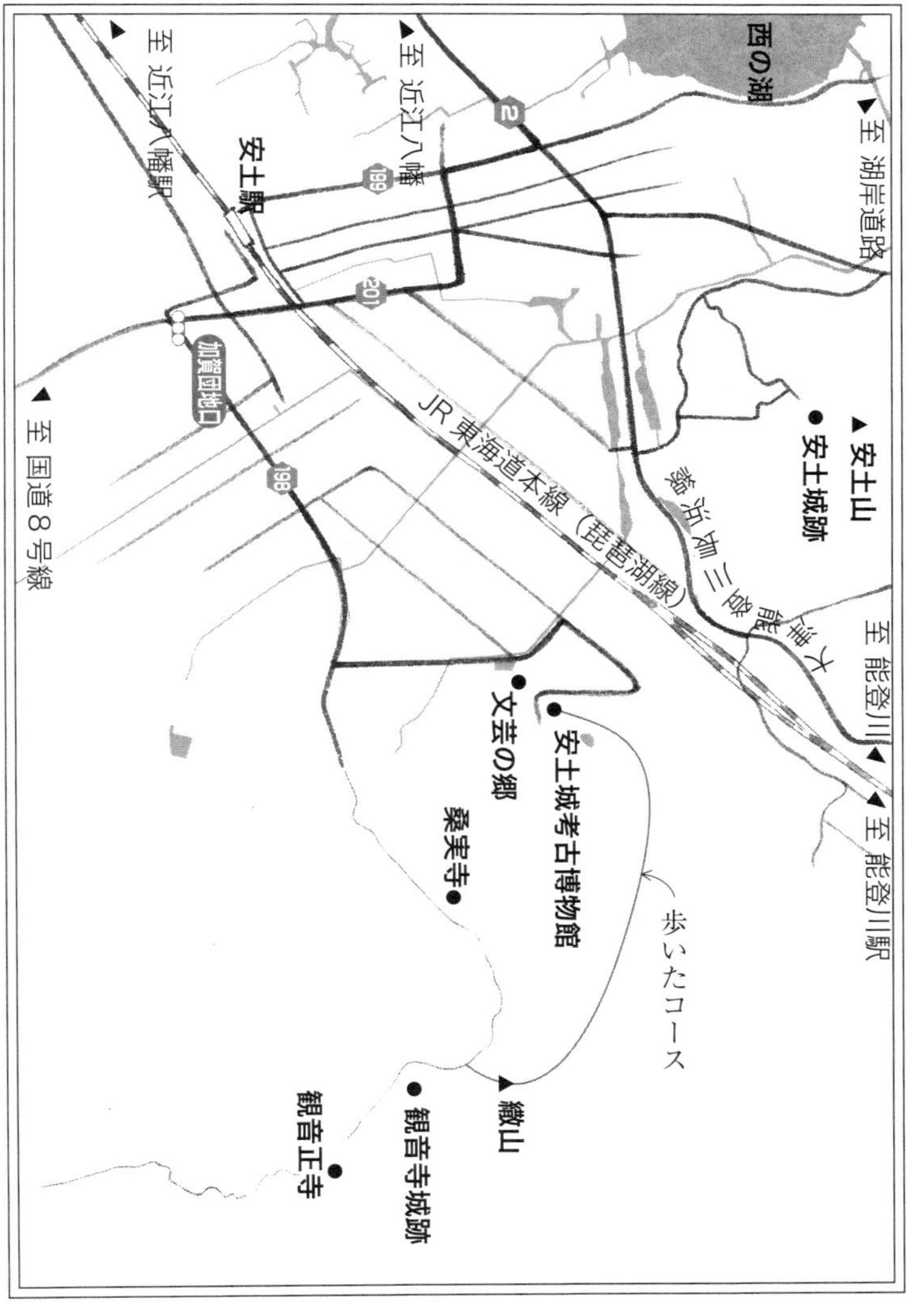
西の湖
至 湖岸道路
安土山
安土城跡
至 能登川
至 能登川駅
JR 東海道本線（琵琶湖線）
歩いたコース
安土城考古博物館
文芸の郷
桑実寺
繖山
観音寺城跡
観音正寺
安土駅
至 近江八幡
至 近江八幡駅
至 国道８号線
2
199
201
198

ここの石垣は、安土城に運ばれて使われたという。城壁の石はよくあちらこちらの城に転用されているが、こんな大石を運びだすのは並大抵ではない。駆りだされた農民の苦労もひとしおだろう。それに事故も多かったにちがいない。いつも、割りを食うのは無名の人である。

広場を縁取るカエデの若葉に陽が躍り、キンポウゲが咲いている。モンシロチョウが飛んでいる。草原に、栄華の跡の春の風が吹く。ここで、少し早めの昼食をとった。持参の登山用コンロで焼いたメザシにビール付き、という豪華版の昼食だ。山中を歩いたあとのお昼は、何を食べてもミシュラン三ツ星レストランの味である。

本丸跡を少し下って観音正寺に寄った。本堂脇の山肌が、累々と重なる巨石に覆われている。自然石なのか、どこからか運んできたものなのか、凄い迫力だ。岩肌を見上げながらふと気がつくと、目が無意識のうちに登るルートを探している。ああ登って、あそこをトラバースしてなんて……我ながら困ったものだ。ご本尊様も苦笑いしているだろう。

境内には、車で上がってきた大勢の参拝客がいた。足の弱ったお年寄りも、ペットの犬を連れている人もいる。それぞれがのどかな顔で、蒲生野の展望を楽しんでいる。尻尾を振る小犬にお世辞をつかったり、お年寄りと挨拶を交わしたり、陽射しのなかでだれもがおおらかになっている。

拝観を済まし、繖《きぬがさ》山の頂をめざして再び登りはじめた。焦りは禁物。ゆっくりとペースをとり、全員無事に山頂で万歳ができた。

稜線が琵琶湖に向かって緩やかに下ってゆく。ＪＲの線路と道路に遮られた先端に小さな安土山が見える。その先は、大中の広い農場地帯だ。琵琶湖は、安土山の下まで広がっていたという。干拓された農地は大中の湖だった。

阿刀田高（一九三五〜）の『安土城幻記』(3)に、あの世への旅立ちを促す舟が琵琶湖を渡り、安土城に漕ぎ寄せるシーンがある。繖山山頂からはるかに見下ろす小山と平野には、そんな話への妙な現実感があった。満々とした水に囲まれた安土の城に、信長の運命を乗せて漕ぎよせる小舟。

「舟が来る」、小説のなかで阿刀田高はそう言っている。水のなかにそびえる安土城の幻影が浮ぶ。

（３）『安土城幻記』角川書店、2004年。

安土山まで縦走したかったが、参加者に疲れが見えてきたので県立安土城考古博物館(3)に下山した。この建物もJRの車窓からよく見える。薄青いドームをもつ建物は、典型的な日本の農村風景になじむことなく奇妙に周囲から浮いている。喰わず嫌いというのか、どうも訪れる気がしなかったが、個人の好みばかりも言えず、信長の館に入ってみた。

内部には、スペイン万博に出品した安土城の天守閣の五、六階部分の模型が展示されていた。築城の様子のジオラマなどを見学し、天守閣を回る螺旋階段を上ってゆく。階段の途中から内部が覗ける。次第に、華麗な、奇想天外な天守の様子が姿を現してくる。

安土城の設計図が見つかり、それに基づい

織山山麓の安土城考古博物館（写真提供：同行の友人）

て忠実に復元されたという天守閣の内部は、吹き抜けなどもあり、現存する各地の天守閣とはまったく違う。戦いに備えた建物ではなく、力を誇示する御殿であった。なんの知識もなかったので、いきなり見せつけられた絢爛さに圧倒されてしまった。

八角形の室内は朱漆が塗られ、金箔一〇万枚を張ったといわれている。狩野永徳（一五四三～一五九〇）などの障壁画が描かれ、世界でも類を見ない豪華さで宣教師たちの度肝を抜いた。戦乱の時代にこれほどの財を集めることができるからこそ、戦国の世を戦い抜く価値があったのかと、つましい庶民の女は方向違いの感想をまず一番に思った。

しかし、信長の夢の集大成である安土城は、信長の死後数年（三年とも五年ともいわれる）にして突然炎上した。炎上のいきさつもはっきりしないらしい。国宝クラスの宝の山も、一瞬の夢のなかに消えていった。

シェークスピアの悲劇『マクベス』のように、明智光秀の耳に毒を吹き込んだ人物がいる。積年の怒りがとうとう爆発した、と考えるより、信長と反りのあわない光秀の耳に、だれかがひそひそと毒を注ぎ続けた。最近、そんな説も出ているようだ。なんだか、そのほうがリアリティがあって納得しやすい。

毒を注いだのは宣教師と堺の商人、という説もチラリと聞いた。掘れば掘るほど迷い

（3）　安土城考古博物館：蒲生郡安土町下豊浦6678　TEL：0748-46-2424

こむ歴史のラビリンス。その謎が、男性たちを信長のロマンに駆り立てるのだろう。信長ファンの男性は多い。あまりにエキセントリックな性格が、女にはついていけない。

「信長は怖い」、一言で言えばこれに尽きる。狩野永徳は信長に絵を描くように召し出されたとき、死を覚悟したようだ。気に入らなければ、即、殺される。しかし、彼は賭けに勝った。また、ある料理人は京風の薄味の料理を出してしまって「殺せ」と命じられた。慌てた料理人は再度のチャンスを願い出て、濃い目の田舎風料理を差しだした。それが信長の口に合い、一命を取り留めたというエピソードを聞いたこともある。

自分の行く手を阻むものは鳥の羽一枚でも

発掘ブームにわく安土城（写真提供：同行の友人）

容赦はしない。信長の過激な性格はどこまでが真実なのか？

凡人では測ることのできない信長の夢、安土時代が瓦解したのも歴史の必然のような気がする。歴史は、信長に時代の橋渡しだけを要求したのだ。信長、秀吉、家康という権力の流れを見ていると、時代の意思に選ばれた人たちという気がしてならない。制圧者、中継ぎ、政治家、と歴史が人を選んだのだ。

安土城の資料が発見され、城址の発掘が盛んに行われている。安土城址をめざす歴史好き、信長ファンが増えることだろう。

「舟が来る」

いつか、必ず舟が来る。大中の広大な干拓地を見ながら、漕ぎよせる運命の舟の幻影になぜか納得してしまう。

石塔寺《いしどうじ》

日本は木の文化の国である。そんなことは、だれでも知っている当たり前のことだと思いこんでいた。ところが、滋賀県には石の文化があるという。「へえー」と驚きながらも、なお信じられなかった。しかし、考えてみれば北小松には時代もハッキリしない古い石の暗渠《あんきょ》があるという。水は、その暗渠を今もさらさらと流れている。比良の傾斜地の家は堅固な石積みの上に立っている。鵜川には四八体の石仏もあるし、湖東には磨崖仏が多い。

琵琶湖周辺は渡来人の集落が多かった。湖西には、唐崎や和邇など朝鮮を偲ばせる地名が残っている。大津京にはオンドル跡もあった。朝鮮渡来の石の文化を強く受けついでもなんの不思議もない。

蒲生野を行くと、正面に雪を被った鈴鹿山系が間近に迫ってくる。ひときわ白いのが主峰御在所岳だろうか、琵琶湖を遠く離れてもう鈴鹿が近い。この景色のどこかに石塔寺がある。広い田んぼのなかに点々と小山が見える。あれだろうか、これだろうか。

近江鉄道の桜川駅を過ぎると案内板が立っていた。あれにちがいない、と目星をつけた丘とはまったく方向違いに道を折れると、あっけなく石塔寺(1)の駐車場に着いた。

「まあ、ここなの！」

イメージしていた雰囲気とは似ても似つかない。写真で見ると、グランドのように広い丘の頂に無数の石塔がある。わたしは、もっとあっけらかんと開けた空中の広場を連想していた。

訪れた日が寒い日曜日だったせいか、広い駐車場には三台の車が停まっているだけだった。湧き水の流れる緩い石段を上ると山門があった。山門前で拝観料を納めて門をくぐった。それほど広くない境内に、不釣合いなほどの大きな本堂があった。屋根には金色の鴟尾《しび》が燦然と輝いていた。

寺の縁起によれば聖徳太子（五七四～六二二）による建立で、元の名前を「本願成就寺」と言った。インドのアショカ王（BC二六八～BC二三二）が仏教布教のため世界に八万四〇〇〇の仏舎利塔を造ったが、そのうちの一つと伝えられており、現在は山号を「阿《あ》育王山《しょかおうざん》」、寺号を「石塔寺」と言う。後年、寺は衰退して埋もれてしまったのを一条天皇（九八〇～一〇一一・第六六代）の勅命によってこのあたりを探索したところ不思議な

（1）　石塔寺：東近江市石塔寺860　TEL：0748-55-0213

塚を発見し、発掘すると大塔が現れたとなっている。

『日本書紀』の記述から推測すると、七世紀の百済系の渡来人の建立説が有力である。百済と縁の深かった天智天皇（六二六～六七二・第三八代）の時代というのが自然なようにも思えるが、近年は朝鮮高句麗時代の塔にも類似しており、一〇世紀以降ではないかという説も出ている。

埼玉県高麗川《こまがわ》にもよく似た塔があるという。高麗川は、字からも分かるように高句麗から亡命した人たちが住んだ地だ。高句麗説にも根拠があるような……石堂寺は古代ミステリーの香り高い寺だ。古代史の好きな人にはたまらない謎かも？

石塔寺の階段
© Biwako Visitors Bureau

山門を出て、その脇の長い石段を上った。スキー三昧の息子と登山で鍛えたわたし。足に自信のある二人は、ビルの一〇階以上はありそうな真っ直な石段をハイペースで上った。かなり息が弾んでくるし、ちょっと太股も疲れてくる。

「あー、なかなかしんどい」

「なに言っているの。スキーで鍛えまくっているんじゃないの？」

「スキーは下るだけだから、こういうのには役に立たないの」

「ふーん。だけど、しんどいね」

「山で鍛えているんだろう」

「しんどいものはしんどい！」

親子で辛らつな舌戦を繰り広げながら、お互いの面子にかけても負けられない。一気に階段を上りきった。

赤土の広場に数万体の石仏、石塔が立っていた。広場の真ん中に、方形に七、八〇センチの高さで盛り固められた土の上にぎっしりと行儀よく並んだ石塔。真ん中に、国内最大、最古の石塔が立っている。下層は二枚の石を立て、その上に石の屋根。少し丸みを帯びた胴が乗り、また屋根の繰り返しという三層になっている。屋根の上に伸びた相輪には九つの輪が彫ってある。その上にまた屋根、てっぺんに丸い石、朝鮮の風が吹いてくるようだ。異国の地で、二度と踏めないふるさとを偲《しの》んだ人の想いがこの塔を造っ

鎌倉時代の石仏

寺名の由来となった石塔

た……そんな気がする。

うしろには、方形の石塔群をL字に囲んだ高さ五、六〇センチの石塔群がある。これも数万はあるだろう。塔や石仏の間に、実生のナンテンがチラホラと赤い実をつけていた。古い石塔の間に鮮やかな赤い実がよく合う。

広場から裏の林の小道に入ると、ここには塀のように一列に石仏が並んでいる。これらの小さな石仏たちは鎌倉期以降さかんに寄進されたものというが、林のなかで風雪から守られているためか、摩滅が少なく彫刻がはっきりと見える。仏たちの衣裳や髪型がなんとなく異国風に見えるのは先入観のせいだろう。

中央広場（?）に夥《おびただ》しく安置された仏や石塔を見るより、林の小道に、低い石塀のように整列した仏たちの顔や衣裳や髪型をじっくり見て歩くのが楽しかった。

寺を出て雪野山（三〇九メートル）に向かった。蒲生野は、万葉ロマンのふるさとだ。どこからどこまでが天智天皇の狩猟地だったのか特定することはできないが、雪野山の近辺だろうといわれている。

山麓の公園駐車場に車を停めた。なかに入ると、トイレ前の陽だまりで公園掃除のおばあさんたちが休憩していた。

「こんにちは。額田王の像はどこですか?」

おばあさんたちは顔を見合わせて、「さあ?」と首をかしげる。

「妹背の里にあるって聞いているんですが……」

「そこを歩いていけるけれど、車でぐるっと回っても行けるよ。だけど、そんなのあったかねえ。あんた知っている?」

「いや……知らないねえ……。そうだ、春においでよ。サクラがきれいでいいよ」

宿泊施設やレクリエーション施設に気をとられ、高い台座の上に立つ大海人皇子(六三一?〜六八六・第四〇代・天武天皇)と額田王(生没不詳)の像はおばあさんたちの視野には入っていないのだ。万葉ロマンなんて、地

万葉ロマンの丘に立つ額田王の像

元のおばあさんにはなんの関心もない。
「わたしの勘違いだったみたい。銅像があるのは鏡山（三八五メートル）だったかな？」
「そうだろう」と、おばあさんたちはほっとしたように笑った。

天智天皇の狩猟が行われた蒲生野は、場所は特定できなくても琵琶湖からはかなり遠い。付き従う女官たちにとっては大変な道中だったろう。大津京があったとされる西大津の港から船出をして、近江八幡あたりで上陸をして歩いたのだろうか。さんざめく行列を思い描くのも楽しい。ハッキリしないからこそ、各人が自由に想像の翼を羽ばたかせることができる。それがロマンの醍醐味だ。

やがて壬申の乱（六七二年）へと続く緊張をはらんだ華やかさ。兄弟、叔父、甥、従兄弟に従姉妹、複雑に絡んだ婚姻関係。何度聞いてもこんがらかってしまう人間関係のなかでの骨肉の権力争い。そんな権謀術数の渦のなかに咲いた大輪の花「額田王」。

あかねさす　むらさき野行き　しめの行き　野守りは見ずや　きみが袖ふる

彼女の詠んだこの有名な一首のために、大津京のイメージは万葉ロマンに変貌した。

ムラサキとはどんな花だろうか。高貴な紫色を染める貴重な花、禁野《しめの》として立ち入りできなかった天皇の地に咲く高貴な花。わたしは、ムラサキツユクサのような美しい紫色を想って長いあいだ空想の世界に遊んでいた。あるとき、地味な白い花を見せられて正直がっかりした。

「え～っ、これ！」

奈良の畝傍山の麓だったか、先を歩いていた人が指さして教えてくれた。草叢のなかで示された花は、ハコベよりも地味な花がパラパラと咲いていた。染料は、乾燥させた根からとるそうだ。

長年の恋花ムラサキが崩壊すると、禁野《しめの》に引き裂かれた恋人たちのロマンも瓦解した。十市皇女《といちのひめみこ》という子どもまでいながら兄天智天皇に額田王を奪われた大海人皇子が、蒲生野の一大レクリエーションだった狩猟大会で額田王に切ないラブコールの袖を振る。それを見た額田王の「軽率なことをしないで、野原の番人に見咎められたらどうするの」という歌に答えて大海人皇子が、

むらさきの　匂える妹を憎くあらば　人妻ゆえに　われ恋めやも

とこたえたという相聞歌（ラブコールの歌）は、『万葉集』では相聞歌のなかではなく雑歌、つまり「その他の歌」に分類されているという。

一説には、これは、酒宴の席で額田王が宴会用の戯れ歌を歌ったという説もある。万葉ロマンがいっぺんに色あせる話だが、この時代のおおらかさというか、大雑把というか、恋愛感は今のわたしたちにはとうてい理解できない。

花一つで万葉の悲恋のイメージを壊すこともない。歌の美しさに何の変わりもないのだ。そうは思っても、わたしのムラサキ草への憧れは消えてしまった。

草津《くさつ》

琵琶湖大橋を歩いて渡った。車で走っても結構距離があり、坂もきつそうでなので歩くのはためらわれたが、自転車を押す人や歩いている人をたまに見かける。歩いてみればなんのことはなかった。景色に見とれているうちに一五分で渡りきった。しかも、歩行者は無料である。

湖岸に沿って右折し、しばらく歩くと佐川美術館(1)に着く。自宅から徒歩四〇分、散歩にピッタリの距離だ。友人と、軽い昼食と飲み物を持ってピクニック気分で美術館に行く。

ゆっくり絵を眺めたあとは美しい琵琶湖を眺めてのランチ。歩くって本当に楽しい。南に下ると、橋の上から遠く見えた風力発電の風車が近づいてくる。あそこが水生植物公園みずの森(2)、疲れたら草津駅行きのバスもある。

それにしても、草津の変貌ぶりは著しい。まるで森の広場のタマゴダケが、ゆで卵のような殻を突き破って真っ赤な頭をぱっと伸ばしたようだ。卵の殻から飛びだした赤い

（1） 佐川美術館：守山市水保町北川2891　TEL：077-585-7800
（2） 水生植物公園みずの森：草津市下物町1091　TEL：077-568-2332

堅田の道の駅より見る琵琶湖大橋

烏丸半島にある水生植物公園みずの森（写真提供：同行の友人）

キノコがニョキニョキ、ニョキニョキ。魔法を見ているみたいに唖然としているうちに、タマゴダケはたちまちビルの林になって街は活発に動きだした。

商業ビルの立ち並ぶ賑やかな街を、若者が長い足で闊歩する。ショーウインドーからマネキンが笑いかけてくる。草津は滋賀県で一番の変貌を遂げてしまったが、宿場町として栄えた面影がそこかしこに残っている。旅人が一服した名物「うばがもちや」や蕎麦屋、本陣跡などを訪ねるのも楽しい。

国道1号線は、天井川で名高い草津川の川床の下をくぐっている。

「昔、社会科で勉強したわ」と言うと、

「俺も小学校で習ったでー」と息子が答えた。

社会科の授業内容も驚くほど変わってしまったのに、草津の天井川は親子二代の教科書に健在だった。遠い町のこととして勉強した土地近くに、いつのまにか住みついている。流行歌を聴くとその時代に心が戻るように、天井川を見て、それぞれの小学校時代を親子で思い出すのも、たまには「まっ、いいか」。

元気な街はお祭りも元気だ。「草津宿場まつり(3)」が今年も行われる。先日、時代行列の参加者募集が行われた。なになに、「和宮一名、篤姫一名。腰元、大奥取締役。年齢

(3) 草津宿場まつり：戦後にはじまった祭りで、2009年は４月の第４土・日曜日に行われる。

制限、審査あり」。

　応募は殺到し、規格外のわたしは口惜しいけれど指を咥《くわ》えるばかりだ。元気盛りには「駕籠かきレース」なんていうのもある。若者がたくさん参加する祭りは、なんといってもパワーが違う。

　しかし、賑やかなのは駅周辺だけで、少し外れれば静かな町が残っている。田園地帯が広がる湖岸は、入り江を回るたびに三上山（四三二メートル）が右に左に位置を変える。風力発電の巨大風車が近づいたり遠ざかったりする。歩き疲れてくると、「お願い、入り江に橋を架けて真っ直ぐな道を造って」というような弱音もちらりと出る。

　湖西が自然のままの美しさ、日本の原風景を色濃く残しているのに比べて、湖東は開発、管理された美しさである。岸辺には芝が植えられ、東屋があり松林がある。駐車場も数多く、ゴミ一つ落ちていない緑の広場を幼児が走っている。外輪船が外国のリゾート地のような顔をして浮かんでいる。そんな緑の帯のような公園地帯にも、湿地で利用できない部分がある。葦やススキが生い茂り、ヤナギの大木が林をつくっている。

　冬枯れの一本の枝にトンビが止まっていた。どこからか数十羽のカラスの群れが飛んできて、次々とトンビの周りに止まった。カラスは鳴くでもなく、動くでもなく、同じ方向を向いてトンビを囲んで止まっている。トンビが萎縮している。「鳥が萎縮しているのが分かるのか！」と言われそうだが、緊迫感がビンビンと漂っている。

車道には切れ目のないほど車が通っている。賑やかな道路の下の湖岸に、人間に無関係な不穏な空気が満ちている。五分ほど緊迫の時間が続いた。鳥たちは、どれも置き物のように身動きをしない。一羽のカラスが突然飛び立った。あっというまにカラスはすべて飛び立ち、トンビが「ふーっ」と深呼吸をした。緊張のほぐれたトンビは、体が一回り大きくなった。

カラスは鷲鷹類が嫌いで、集団でいじめをすると聞いている。大勢で取り囲み、突っついたり、羽根を引っ張ったりと嫌がらせをするらしい。これもトンビへの嫌がらせ、威嚇行動にちがいない。頭のよいカラスは団体行動をするので、トンビ一羽ではとても太刀打ちできない。

なにかものすごく面白いものを見たと思って歩いていると、今度は枯れススキの原のなかに傷んだアスファルトの小道がある場所に来た。小道は一メートル間隔ぐらいで横にひび割れており、すき間に枯れ草が生えている。その道を、イタチがまっしぐらに走ってきた。道を寸断する枯れ草を、まるでハードル選手のように次々と飛び越えていく。

見事なフットワークだ。三〇メートルほどの距離を走りきって草むらに消えた。土手の上から見物していたわたしは、思わず「お見事！」と手を叩いた。あれは何をしていたのかしら？　どう考えても、陽気に誘われて遊んでいたとしか思えない。一日のうちに二度も面白いものが見えて、とても幸運。湖岸はやっぱりワンダーランドだ。

中世の城壁を思わせるような薄茶色の水門の塔が見える。コンクリートの城壁風のイミテーションだが、打ちっぱなしのコンクリートよりおしゃれだ。豊かな街のゆとりなのだろうか。

道を外れて水生植物公園に入った。園内は花で美しく彩られて「ラン展」を開催中だったが、わたしの目当ては温室のスイレンたちだ。花色も鮮やかに水に浮いている。赤、白、紫、ピンク、睡《ねむ》る蓮というけだるい名前も気に入っている。なんの映画か忘れたが、エジプト美女が宮殿のスイレンを手に取るシーンの美しさが鮮やかに印象に残っている。

山の小さな沼に浮ぶヒツジグサも愛らしい。「水に浮いている姿が好き」と書いて、はっと気がついた。実は、わたしは泳げない……カナヅチなのだ。水に浮くのが憧れだから浮き草が好き？　そりゃあ考えすぎだろう。

水生植物公園の外にはハスの自生地がある。わたしは、長い間スイレンとハスの区別がつかなかった。ふるさとの町の公園にはスイレンが咲いていたが、ハスは見たことがなかった。ハスといえば、レンコンとお盆の造花しか知らない。甚《はなは》だ殺風景なことだ。そのせいか、スイレンは好きだがハスにはそれほど心が動かない。水から高く突きだしているのもいま一つ気に入らない。

知人の画家が、ある夏の日、小舟を漕ぎだして夜明け前のハスの群生地に入ったことがあると言った。

「湖面は、薄もやに包まれているんですよ。ギイーという櫓の音だけがして。一面のハスのなかで待っていると、あちらこちらでポッポッと花が咲きだして、気がつくと一面の花のなかにいました。美しかった」

湖面をピンクに染める野生のハス

それは美しいだろう。そんな花ならわたしだって見たい。でもわたしには、早朝、小舟を漕ぎだしてもらえるようなコネもあてもない。枯れたハスの葉を見ながら、「自分ばっかりいいことをして」とひがむのが関の山だ。

ハスは早朝の花なのに、わたしが行くのはいつも午後になってしまう。そんなことも、もう一つハスに心が動かない原因かもしれない。花の季節に、頑張って早朝に出かけなければならないな。ハスの美しさを語るのはそれまで保留にしておこう。

水生植物公園の先に、コハクチョウが集まる入り江がある。餌付けをしているのでカモもハトも集まってくる湖岸を、ロープで線引きしてある。ロープの先には人間が入らないということを、鳥たちはよく知っている。ロープのすぐ内側でカモがのんびり昼寝をしている。あの警戒心丸出しのカモがこんな身近でくつろいでいる。たった一本のロープがつくった信頼関係、冬の間だけの餌付けも悪くはないかな。

春の気配が立つか立たないかのうちにコハクチョウは北に帰る。湖岸の監視小屋は片づけられ、人も鳥の姿もない。

コハクチョウが帰る日は、春が来るのが嬉しいような淋しいような——それでも待ち遠しい湖岸の春景色。

瀬田《せた》

明治生まれの祖父は江戸っ子だった。「近江富士ィ？　近江ってなんだ。富士は富士だろう」ぐらいに思って、近江を省略したのかもしれない。

おじいさん子だったわたしは、夜毎、祖父の膝元で昔話をせがんだ。白雪姫やシンデレラ姫など知らない祖父の話は、神話と豪傑の怪物退治ばかりだった。天照大神《アマテラスオオミカミ》が天の岩戸に閉じこもってどうのこうのとか、素盞嗚尊《スサノオノミコト》が八岐大蛇《ヤマタノオロチ》を退治したとか……こんな話ばかりを聞きながら育ったから、がさつに育ったのかもしれない。

大ムカデが富士山を七巻き半してな。口から毒を吐くんだ。木も草も枯れて、麓の村は困り果てた。なにしろ、富士山を七巻き半するほどの大ムカデだ。だれも退治できない。そこに弓の名人、俵藤太が来てな、よし、俺が退治してやろうってんで、矢を射った。ところが、硬い皮がカーンカーンと矢を撥ね返してどうしても刺さらない。そこで藤太はこれならどうだ、とヤジリに唾をつけて目を狙った。ヒョウーと矢を放つと、ぶすりと見事に矢が刺さり、さすがの大ムカデも退治されてしまった。

祖父の話に、わたしは御殿場か朝霧高原の雄大な裾野を想像した。その斜面から、朝焼け富士を七巻き半した大ムカデを射る。ウルトラマンなど足元にも及ばない壮大なスペクタルだ。

滋賀に住むようになって、その話は三上山（近江富士）のまちがいだと言われた。

「へっ？」

「俵藤太は、瀬田の唐橋からムカデを射ったんだよ」

「うっそー!?」

「近江の民話だもの」

ガラガラガラと大スペクタルが崩れてゆく。富士山が、ちんまりとかわいい三上山になってしまった。モスラが一瞬にしてミミズになってしまった。中国の白髪三千丈《はくはつさんぜんじょう》(1)にもまけない大風呂敷が、小じんまりとした日本的なスケールになってしまった。ああー大ショック。それでも、瀬田の唐橋のイメージは傷つかない。

（1）　白髪三千丈：李白の「秋浦歌」第15首の冒頭の一句。極端な誇張表現の例。

「唐橋を制するものは天下を制す」と言われた唐橋は、橋を通行不能にしてまえば都に攻め入ることが困難になったのだ。

壬申の乱で、大海人皇子は甥の大友皇子（六四八〜六七二・第三九代・弘文天皇）を唐橋で攻めあぐねた。橋板を外し、膳所側から矢を射る大友側に攻め入ることができない。その堅固な橋が大友皇子の油断だったのか、あるいは叔父と本気で争いたくなかったのか……。やがて、一人の武者が橋を突破し、それが切っ掛けとなって大友皇子側は総崩れとなり、大津京が幕を閉じた。

昔も今も交通量の激しい瀬田の唐橋に立つと、ここが都への交通の要だったことがよく分かる。瀬田川は満々と水を湛え、静かに流れる。琵琶湖から流れだす唯一の川は、「宇治川」「淀川」と名を変え、流域を潤しながら大阪湾に注いでいる。

瀬田川から天神川に入っていくと、「湖南アルプス」と称される田上山（三二三メートル）がある。ヒノキの生い茂る山であったが、藤原京造営のときにその木々が切りだされて裸山になった。花崗岩の山肌に緑は復活せず、「風化した荒々しい岩肌がアルプスのようだ」とだれが言うともなく湖南アルプスと呼ばれている。

山頂には不動明王が祀られ、ご神体の巨岩とミニ清水の舞台のような田上不動尊の本殿がある。険しい崖に立つ脚は高く、首が痛くなるほど見上げた上に社がある。本殿まで上る石段は急で、「角度は四五度だ」「いやそんなにない、三〇度だ」と、磁石の分度器まで出して大騒ぎしたが、結局ハッキリせず三〇度で妥協した。

「源頼朝寄進」と寺の縁起に書いてある本殿の窓を開けると、信楽の山が一望できる。見わたすかぎり山、山、山。山岳仏教の地らしい深山幽谷の気配が濃い。境内の入り口、二尊門には不動明王脇侍のセイタカ童子とコンガラ童子の石像が立っている。梵字で書くととても難しい。同行のとぼけた友人に「コンガラ童子だって。いつもこんがらかっているあなたみたい」とからかうくらいにしておこう。

二メートルほどの背丈の石像には素朴な愛敬がある。不動明王が怖いので、脇侍はちょっと愛敬があってもいいのかしら。極秘だけれど、この脇で「シェー」のポーズをとると意外に決まるのだ。なにも知らず、わたしと登った人は、口車に乗せられてポーズをとるという被害にあう。ご用心。

日曜日の寺務所には管理のお年寄りがいて、お札やお守りを売っている。初夏のころ、登ったときにはおばあさんがいた。

「さっき、冷たい湧き水を汲んできたから飲んでいきなさい」

と、そのおばあさんがしきりにすすめてくれた。薄暗い寺務所の土間に大きなヤカンが二つ、冷たい汗をかいて並んでいた。

「ここに登ってくるのも大変ですね」

「いいえ、すぐ下まで車が入れるので息子に送ってもらうんですよ。×月×日はお寺のお祭りだから、赤飯やご馳走が振る舞われるよ。お弁当を持たずにまた来てね」

と、ありがたいことを教えてくれたが、忘れっぽいわたしは、それがいつのことだったか忘れてしまった。

寺務所の奥は畳敷きの大広間になっている。お祭りのときに檀家が集うのだろうか。

「上がってもいいよ」とおばあさんが言ってくれた。

開け放された部屋に気持ちのいい風が入っていた。少し荒れた庭に面して広い縁側がある。お行儀悪く、寝転がって風に吹かれていると、幼いころによく遊んだ田舎の祖母の家を思い出した。昔の家は、みんなこんな風だった。ゴロゴロと、『となりのトトロ』のような気持ちのいい時間を過ごした。

今は、三井寺から依頼を受けた管理人が決まっているようだ。水道も引かれて電気もついた寺務所は少し便利になったが、やさしい応対は相変わらずだ。

禿山《はげやま》となった田上山はたびたび大災害を起こして村は難儀をしていたが、藩政時代はまったく取り合ってもらえず、明治になってようやく植林がはじまった。最近、その成果が現れだしたようで、わたしが初めて登った二十数年前とはだいぶ山の様子が変わってきた。

一度禿山にしてしまうと、自然ではなかなか再生しない。人が植林をしたり、土砂の流失止めの筵《むしろ》を敷いたり、さまざまな努力をしてもなおすんなりと緑の山には戻らない。「湖南アルプス」と呼び名はいいが、現実は大変だ。


瀬田川をボートが気持ちよさそうに滑っていく。大学や高校のボート部の練習だ。気合が入っているから船足は速く、ミズスマシのようにスイスイと遠ざかっていく。ここでもレガッタなどの試合が行われている。瀬田川には、青春の波しぶきがよく似合う。

川に沿って石山寺(2)の東大門がある。源頼朝が寄進した東大門は、国の重要文化財に指定されている。いかにも鎌倉様式らしい、堂々とした風格の東大門をくぐって石畳の参

（2）　石山寺：大津市石山寺1-1-1　TEL：077-537-0013

道を進むと、観音堂と蓮如堂の間に巨大な硅灰石《けいかいせき》があった。この石が、石山寺の起こりだとされている。

硅灰石とは、石灰岩が花崗岩と接触した際の熱作用で変質してできたものだ。普通は大理石になり、硅灰岩になるのはきわめて珍しいようで国の天然記念物になっている。石山寺は、初めに「石、ありき」だった。

瑞雲立ち上る岩山として天平時代から人々の参詣が絶えなかったというその岩山に、七四九年、聖武天皇の勅願によって良弁僧正（六八九〜七七四）が開基した石光山石山寺。本尊は秘仏如意輪観音坐像で、本堂内の厨子のなかに露出した岩に安置されている。

「ふ〜ん、これが天然記念物か」

ゴツゴツと褶曲した石は、どう見てもただの巨石だ。その生成原因を説明されたって「それがどうしたの」と別にありがたくも何ともない。知識も関心もない凡人は、どうにもしかたがない。

本堂の内陣は平安時代、外陣は淀君の寄進による木造建築といわれており、国宝である。脇には、紫式部（生没不詳）が『源氏物語』を書いたという小部屋「紫式部源氏の間」がある。紫式部は、石山寺で「須磨・明石」を書いたといわれている。異説もある

観光客でにぎわう石山寺東大門（写真提供：同行の友人）

境内にある紫式部像（写真提供：同行の友人）

ようだが、ここから仰ぐ満月、月光にきらめく瀬田川の流れを見ていたら、須磨の浜辺の想を得てもなんの不思議もない。

小部屋には執筆中の紫式部を模したマネキンが座っているが、なんだかなあー、という感じで興醒めだ。あまり賢そうにも見えないマネキンがあっけらかんと顔を上げている。「なんとか演出のしようはないの」と、口うるさいおばさんならずとも一言申し上げたい。ちょっと俯《うつむ》くとか、御簾《みす》を垂らすとか……。しかし、境内には紫式部のすばらしい銅像がある。この像には王朝の気品が漂っている。マネキンとの落差は大きすぎる。

本堂の脇を行くと、重厚で優美な国宝の多宝塔がある。屋根の反りと白壁のコントラストが美しい多宝塔は、源頼朝の寄進といわれている。そのなかには「快慶作」と伝えられる阿弥陀像が安置されており、こちらも重要文化財である。寺内には国宝、重要文化財がゴロゴロしている。かつての隆盛振りが目に見えるようだ。

多宝塔近くの広場に「月見亭」があった。崖の上に突きでた月見亭は、後白河法皇の行幸のため造られたものだ。近年では、明治、大正、昭和天皇も行幸されている。ここから眺める月は、近江八景の一つ「石山の秋月」としても名高い。

広場から真下に、瀬田川のゆったりとした流れが見える。瀬田の唐橋は名神高速道路にさえぎられて見えないが、その向こうには琵琶湖が見える。唐崎の上に霞んでいるのは比叡山だ。

マンション、ＪＲ、高速道路とコンクリートの建造物がやたらに目に飛びこんでくるが、その昔の、木々に囲まれた静寂の満月を想像するのは難しくない。皓々と照る月に、かぐや姫の姿さえ見えるかもしれない。

梅林まで足を延ばすと甘い香りが漂ってくる。白梅、紅梅、八重や一重やさまざまな種類のウメが何百本あるのだろうか。とくに古木というのはなかったように記憶しているが、ウメはサクラより王朝文学にふさわしい。かぐわしいにおいのなかに佇む光源氏の面影を探してみたい。

大《おお》津《つ》

大津市は、ひらがなの「し」の字に似ている。和邇《わに》から琵琶湖の淵に沿ってスーッと延びて、底でくるりと回っている細長い町。その端から端まで行くのはかなり大変で、ＪＲの駅だけでも十一個もある。中規模の地方都市で、こんなに駅が多い街も珍しいのではないだろうか？

市町村合併を繰り返し、とうとう「し」の字になってしまったが、琵琶湖一大きな港の大津港は、その字のお尻の部分である浜大津のあたりだ。

膳所から浜大津まですっかり埋め立てられ

観光船が停泊中の浜大津港（写真提供：同行の友人）

て美しい公園になっている。松林と芝生の続く公園の汀は、大きな石が階段状に組んであり、その石の下段を波が洗っている。大人や子ども、男も女もずらりと並び、燦燦《さんさん》と降る陽を浴びて釣り糸を垂れている。木陰のベンチで休んでいる老人がいる。大きく腕を振ってウォーキングに励む人がいる。汗を滴らせジョギングをしている人がいる。どの人も、公園の風景に溶け込んでいる。

「なぎさロード」と呼ばれる長い公園のなかに「におの浜」がある。鳰《にお》とはカイツブリのことで、琵琶湖はかつて「鳰の湖《うみ》」と呼ばれた。カイツブリは滋賀県の県鳥になっているのだが、わたしはカイツブリがよく分からない。写真で見るとカモより小型で、お尻のあたりが綿菓子のようにフワフワしている。「におのうみ」と呼ばれるくらいだから琵琶湖にはたくさんいるのだろうが、わたしはまだ一度も見たことがない。フワフワボンボンのお尻が水の上にプックリと浮いているところを見たいなあ……カイツブリは今のところわたしにとっては幻の鳥だ。

公園のなかに「びわ湖ホール」(1)の大きな建物がある。最初にこれを見たときは、「シドニーオペラハウスのパクリではないか！」と思ったが、公演を聴きに行ったら一度でこの建物のファンになってしまった。

（1）　びわ湖ホール：大津市打出浜15-1　TEL：077-523-7133

ホール前のロビーの展望がすばらしい。目の前いっぱいに広がる湖の上に比叡山がそびえ、遠く比良が霞む。目を凝らせば琵琶湖大橋も見え、白い観光船がハクチョウのように滑っていく。ヨットの帆がきらめく波間に見え隠れする。まるで南欧のリゾート地のようだ。

「えっ、大袈裟すぎるって?」、ぜひ、ここの喫茶コーナーで一杯のコーヒーを飲んで実感してください。

ロビーに入った観客は、だれも慌てて客席に入っていかない。呆然と景色を楽しんでいる。公演が終わっても先を争って出ていくようなこともない。窓辺に佇み、波を見ながら音楽の余韻に浸っている。ホールの立地とし

空から見た琵琶湖とびわ湖ホール(写真提供:財団法人びわ湖ホール)

て、これほどすばらしい所はない。建物ばかり褒めているが、ホールの活動もすばらしい。国内外から一流のアーチストをさかんに呼んでいるし、専属の合唱団ももっている。合唱団は各地に公演にも出かけているが、無料のロビーコンサートも行っている。大津に住む、幸せの一つだ。

観光船の発着する浜大津には、湖上に「花噴水」と呼ばれるいくつもの噴水があり、アーチをかけて水煙を上げている。芝原には、ギリシャ遺跡の石柱のようなモニュメントが並んでいる。

浜大津から皇子山公園に向かって、「大津絵[2]の道」という美しい道がある。路面電車が別の道を走るようになり、跡地が石畳の道に生まれ変わったのだ。歩行者用道路の両側に四季折々の花が咲き乱れているが、その手入れは両側の住民たちが行っている。

早春のロウバイ、クリスマスローズ、春のユキヤナギやレンギョウ、ハクモクレン。滅多に自転車も通らない道を、お年寄りが手押し車を押して通っていく。幼児がヨチヨチと、危なげな足取りで歩いている。「ここなら安心して歩かせられるので」と、お母さんが歩きはじめた娘を見守っている。

（2）　大津絵：追分（髭茶屋追分）を発祥の地とし、寛永年間（1624～1644）に仏画として始まり、やがて世俗画へと転じた。18世紀頃より教訓的・風刺的な道歌を伴うようになった。

石畳の間には、大津絵のタイルが埋め込まれている。昔、旅人の土産物として売った大津絵の図柄は決まっていて、どのぐらいのパターンがあるのかは知らない。「わたしのシンボルキャラクターなら藤娘でしょう」と言うと、口の悪い友人は「鬼の寒念仏だろう」と断言した。友は選ばなければ……。

大津絵の道と別れた春の疎水沿いは、花霞みのなかに埋まっている。その花の上に、三井寺の屋根が浮んでいる。近江八景の一つである「三井の晩鐘」は、鐘の音の美しさをたたえたものだ。毎年、大晦日のテレビ番組でも美しい鐘音として除夜の鐘が放映されている。

七景は　霧に隠れて　三井の鐘

さすが芭蕉である。近江八景を見事に読み込んだ句に、渺々《びょうびょう》とした琵琶湖の大景が広がる。

三井寺(3)の前を通って、長等山《ながらやま》（三五四メートル）に登ってみた。小高い丘は公園とし

（3）　三井寺：大津市園城寺町246　TEL：077-522-2238。正式名称は「長等山圓城寺」

て整備されており、その一角に三橋節子美術館(4)がある。夭折の画家、三橋節子さんが住んだ長等山。彼女が足を運んだ三井寺の千団子祭り。鬼子母神に食われた子どもの供養に一〇〇〇個の団子をお供えするお祭りで、賑やかな植木市も立つらしい。五月半ばの青葉の美しい時期に行われるのに、わたしはまだ一度も出かけたことがない。このころは、いつも登山の予定を入れてしまう。美しい季節は時間も倍欲しい。

長等山から、浜大津にあった大津城の内部は丸見えだったという。大津城最後の城主であった京極高次はおかしな人で、佐々木源氏という名門の出でありながら浅井氏に城を追われ、明智光秀、柴田勝家といつも負け方ばかりについてしまって散々な目に遭っている。そのたびに豊臣秀吉に追われるが、秀吉の側室になっていた妹の取り成しや淀君の妹を妻にした縁で大津城主に収まった。豊臣の恩を深く感じ、秀吉亡きあとも忠誠を誓ったはずなのに、徳川家康にゴチャゴチャッと甘い言葉をかけられ、最後の最後に西軍を裏切って家康についた。

高次の作戦は、大津城に籠城し、西軍の関ヶ原への進軍を阻止することだった。琵琶湖に突きだした水城は水運のための城で、戦には不向きだ。西方の猛攻は凄まじく、長

(4)　三橋節子美術館：大津市小関町1-1　TEL：077-523-5101

等山から大津城に大砲まで撃ちこまれた。都まで聞こえる砲弾の音に、弁当持参で京都から見物人が集まってきたという。さしずめ現代なら、テレビ中継された中東の戦火を、ビール片手に見ているようなものだろう。

高次は七日間もちこたえたが、とうとう本丸も落ち、命からがら高野山に逃げこんでいる。「蛍大名」などとからかわれているのは、頼りない蛍の点滅のように何度も絶えかけてはもち直したからかと思ったが、そうではなく、妻や妹の七光りに支えられたという意味らしい。どちらにしても、稀に見る強運の持ち主だ。西軍を足止めした功績により、若狭城主に出世して天寿をまっとうしている。絵のような七転び八起き人生。臆病で意志薄弱

駅前通りに勢ぞろいした曳山（写真提供：同行の友人）

なのに生き残った。戦国の世にめずらしい人だ。

大津城は壊滅し、残った石垣は膳所城に、天守閣は彦根城に移されて、今は、浜大津にたった一つの石碑があるばかりだ。


大津の戦乱の時代は過ぎ、都に近い美しい街になった。都が近いだけ文化も京風だ。毎年一〇月に行われる「曳山祭り」も祇園祭のミニ版だ。絢爛とした胴幕をつけた曳山がお囃子に乗って街を行く。山の上にはからくり人形が乗り、「所望」と書かれた家の前でからくりを見せる。山が通る両側の家は、通りに面した二階の戸格子を外して窓枠に緋毛氈をかけて、親戚縁者たちが集まっている。町衆の得意のひとときだ。山から、それらの窓のなかにチマキが撒かれる。

ときどき、集まった人の群れにもチマキが投げられる。手の長い人が見事にキャッチする。わたしをめがけて投げられたが、頭上のまぶしさに見失なってしまった。それほど欲しいわけでもないので探さなかったら、男の子がわたしを押しのけて拾おうとして車道の段差を転がり落ちた。

今の道は、どこも段差だらけのコンクリート。昔の道路と違って危険ばかりだ。お祭りのチマキ投げも、昔のようにするわけにはいかないのかも……。お祭りも少しずつ変わっていく。とはいえ、駅前の大通りに並んだ一三基の曳山は圧巻だ。昼休みのため、次々と曳山が集まってくる。一基一基、整然と並んでいく様は祭りの隠れた見せ場だ。昼時は人出もピークにならず、堪能することができる。

大通りを下ると、路面電車の走る道に出る。コトコトと、のんびり走る電車は人にやさしい。車の交通を制限しても路面電車に残って欲しいと願うわたしは、隠れ路面電車ファンだ。歴史と古刹とリゾート地のような風景が同居する街、大津はさまざまな顔見せ、訪れる人々も市民も魅了する。

坂本《さかもと》

坂本は、雨が似合う。

春の朧《おぼろ》の小糠雨《こぬかあめ》、秋の吐息の涙雨、雨に濡れた石畳の道を臙脂《えんじ》の和傘を差した女が行く。吉永小百合風の和服の女に寄り添うのは、渡哲也風の渋い二枚目。

黒く濡れた石垣にツルアリドウシが這い、緑の葉の上にマッチ棒のような白い花が咲いている。ふと、男が足を止めてツルアリドオシに目をやった。視線の先を追った女が言った。

「まあ、なんて小さな花……どれも二つずつ咲いて、まるでVサインね」

「ツルアリドオシは必ず二つずつ咲くんだよ。でも、不思議なことに実は一つしかならないんだ。二つの花が溶けあって、そのあとには珊瑚のような赤い実がたった一つ。二つが一つに溶けあう実……不思議な花だよ……朽ちてなくなるまで、決して離れない……」

女はくらりと、めくるめく思いで男を振り返った。ツルアリドオシ……花の名前をそっと胸にきざむ。

あかん、妄想に耽りすぎた。雨に濡れた石垣の道は、メロドラマの舞台に最適すぎる。キャンキャン娘より理由《わけ》あり中年カップル……ああ、永遠に縁のない世界だわ。

穴太《あのう》積みの美しい石垣に、春は萌えた若葉が青い影を落とし、秋は鮮やかにモミジが散る。「穴太衆」と呼ばれる石組みのエキスパートたちが積んだ石垣が「穴太積み」と言われるが、穴太衆の実態ははっきりしない。穴太衆は「黒鍬組」だったとも言われている。

黒鍬組と呼ばれる、築城にも長けた土木技術者の集団は忍者でもあり、隠密活動も行ったらしい。そう聞くと、坂本の町がにわかに風雲をはらんでくる。忍者が石垣の陰から……いやいや、血なまぐさい話は里坊の町にはやはり似合わない。

石積みの町は何度も歩いているのに、先日初めて中学校があるのに気がついた。石積みと白壁が続く里坊に溶けこんでまったく気がつかないなんて、私がうかつなのか、もしかしたら学校も忍者？

里坊とは、比叡山山中で暮らしていた延暦寺の老僧が、山暮らしが無理となって麓に移り住んだ隠居所のことをいい、日吉大社（二三ページ参照）の表参道を中心に五〇もの寺がある。それぞれが立派な門構えで、重要文化財の庭園や国宝などもあり、旧竹林院の庭園や滋賀門跡などが立派だ。

隠居所といっても、さすがに日本一の勢力を誇った延暦寺。琵琶湖を望み東南に向いた緩やかな斜面は、老僧が穏やかに日を送るにはすばらしい地だ。庶民が考えるささやかな隠居所、たとえば藁葺き屋根の下で子どもと手まりで遊んでいる良寛さまのようなイメージは、ここにはまったくない。

石積みに沿って坂を上がってゆく。多くの

総本社の風格が漂う日吉大社（写真提供：同行の友人）

寺院の門は開いているが、入っていいものやら悪いものやら。結局、通りすぎてしまうことが多い。

日吉大社脇から比叡山高校の裏を通って比叡山に登る道がある。ロープウェイもいいけれど、たまには野辺の花を見ながら汗をかくのもまた楽しい。

登ってみると分かるが、山道の造り方にも上手、下手がある。古くから使われてきた山道は坂も緩く、疲れも少なくなんとなく登ってしまう。コースに無理がなく、山に逆らっていない。京都北山のサバ街道の山越えや比叡山を歩くと、あまりに上手くつけた道にたびたび感心する。根本中堂まで登る本坂も、そんな道の一つだ。

山頂近くに亀堂がある。石亀が背中に大きな石柱を背負っているのだが、同じものをモンゴルの廃墟のなかで見たことがある。湿地の奥の暗い森に囲まれた廃墟は、四〇〇年前、満州から嫁いできたお姫さまが幽閉された所だという。婚姻とは名ばかりで、実は人質のお姫さまを人の近づかない湿地の奥に隠し、お供の中国人も建設作業者も秘密を守るために殺された、とモンゴル人が説明した。秘密は守られ、忘れられた廃墟となった宮殿は、旧ソ連の援助を受けた時代にソ連兵によって発見された。

朽ちかけた門、裏山に逃げる地下通路と廟がハナシノブの咲く湿地の奥に残っていた。

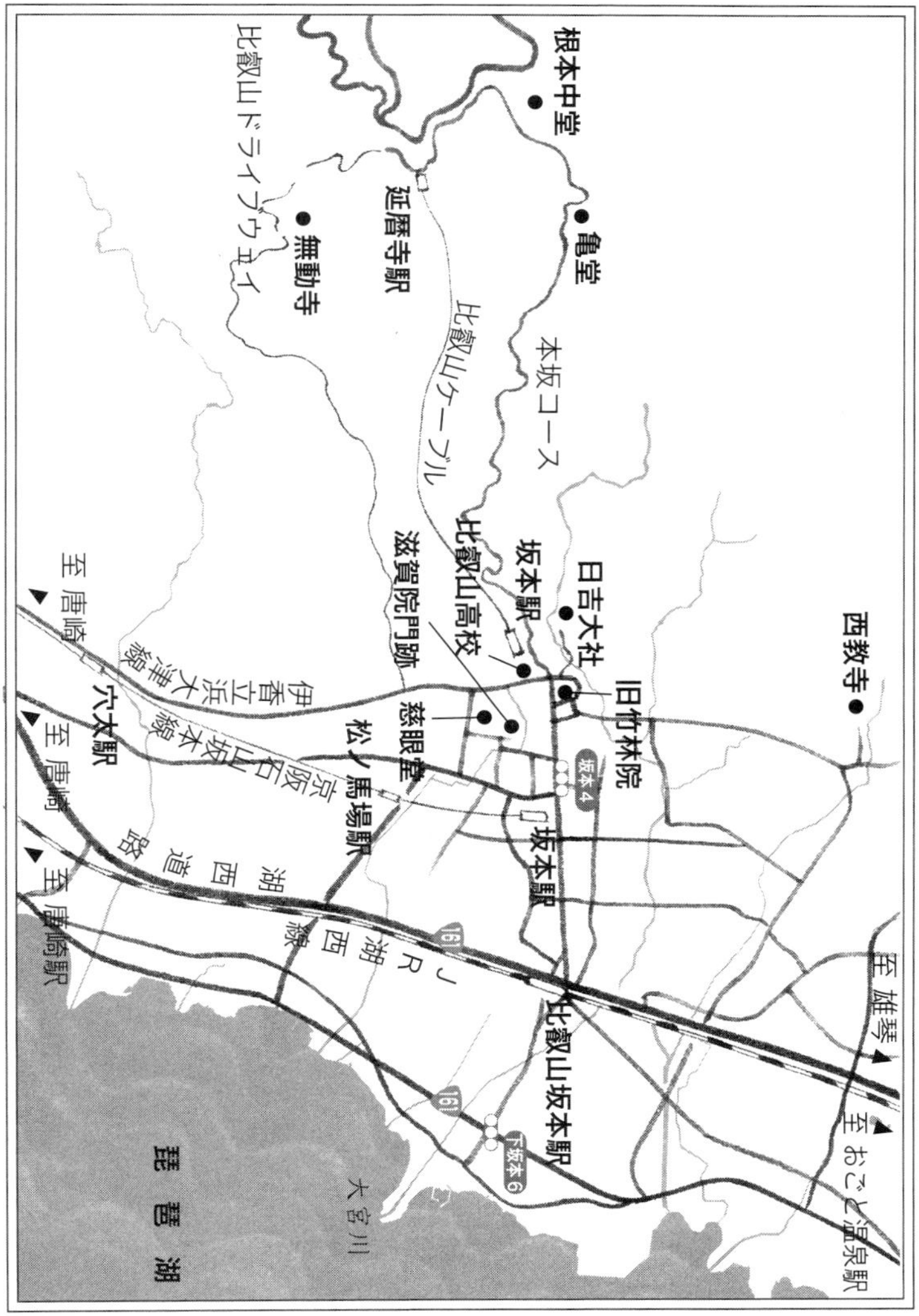
根本中堂
亀堂
延暦寺駅
無動寺
比叡山ドライブウェイ
比叡山ケーブル
本坂コース
坂本駅
日吉大社
比叡山高校
滋賀院門跡
西教寺
旧竹林院
慈眼堂
松ノ馬場駅
坂本駅
京阪石坂本線
伊香立浜大津線
穴太駅
湖西道路
JR湖西線
比叡山坂本駅
至唐崎
至唐崎
至唐崎駅
至雄琴
至おごと温泉駅
坂本4
下坂本6
161
161
大宮川
琵琶湖

その廟のなかに、比叡山のものよりやや大きい石亀があった。こんな所に比叡山と同じものが……日本と中国とモンゴルは同じアジアの隣人なんだ。石亀が、四〇〇年の時を越えてつながった。

亀堂から少し登ると根本中堂に着く。寒い日は、ロープウェイの山頂駅でカップに入った甘酒を買う。

「甘酒ありますか?」

売店のおばさんは、ゴソゴソと温めた甘酒を出してくれる。駅前広場で比良の山並みを見ながら飲む甘酒は、疲れた体にやさしく染み透る。一休みしたら琵琶湖を見下ろしながら無動寺(1)を下りる。日吉大社に戻るまでの往復四、五時間は、休日のピクニックに手ごろなコースだ。

日吉大社は古くは「ヒエ(日枝)大社」と読んだが、もうこのごろはそのまま「ヒヨシ大社」と読まれることが多いようだ。坂本観光協会によれば、ヒエの山から下りて現在の場所に祀られて二〇〇〇年が経たといわれる神話の世界の神域だ。

広大な境内に水量豊かな滝が落ち、水音が轟く。滝は、突きだした岩の両側を二筋に

(1) 無動寺:大津市比叡山無道寺谷

なって落ちる。それほど落差はないが、突きだした岩が巨大な竜の頭のように見えるドラマチックな滝だ。

緑のなかに、赤い御神灯がひときわ美しく映えている。滝近くには、西本宮の楼門と国宝の本殿がある。楼門をくぐると、祈祷所で高校生のような若い娘たちが絵馬を選んでいた。

「あっ　それ、めっちゃかわいい」

「えっー　つうか、私こっち」

「あっ　それもかわいいー」

大騒ぎの願い事を、神様はやれやれと苦笑いをしながら聞いているのかしら。


参道の傍に結婚式用の控え室があった。着付けの済んだ花嫁花婿が建物から出てきて並び、神主と巫女さんに先導されて東本宮に向かった。玉砂利の道を杉木立のなかに入っていく。一抱えもある大木が山肌に立ち並ぶ道に、涌き出た水が細い流れをつくって勢いよく走っている。苔むす山肌を落ちた水は別の流れと合わさり、玉砂利の参道を清らかに流れる。

ほの暗い森のなかを、花嫁行列の玉砂利を踏む音と水音が歌うように流れていく。真っ白な花嫁衣裳が、幻のように輝いて遠ざかっていく。花嫁さんの耳には水音が聞こえているのかしら。これから、人生の節々にこの日の水音を思い出すのかしら。やがて、拝殿に並んだ二人の前に神主の祝詞がおごそかに流れた。

神社の結婚式っていいなあ。荘厳、重厚、そんな言葉が浮んだ。お婿さんはいらないから、結婚式だけは何度でもしたい。花嫁衣裳って、いくつになっても女の憧れ。

特別公開日とかで、御神輿の収納庫の扉が開いていた。ガラス窓の外からしか拝観できないが、日本で最大、最古の御神輿が七台並んであった、西本宮、東本宮のものが最大で、それよりやや小ぶりのものが樹下神社のものであった。

志賀の樹下神社にも、元はここの御神輿といわれる二五〇年前の重要文化財の御神輿がある。日吉神社のものは当然ながらさらに古い。重要文化財の桃山時代の御神輿は古色蒼然、まあはっきり言えばすっかり色あせ、やたら埃っぽく見える。担ぎだされることなどはないのだろう、すっかりいじけてうずくまっているように見えた。御神輿は、やはりキンキラキンの派手派手が威勢がよくていい。

最大の御神輿は重量二トンもあるそうだ。この神輿を担いで、「比叡山の荒法師が京の都まで山越え強訴にたびたび出た」と、案内板に書いてある。いつか志賀の樹下神社で聞いたように、御神輿を軽量化して八〇〇キロにしてつくっても、今の若者では足腰がもたないという話を思い出した。体格は立派になったけれど、体力は反比例しているのも時勢かも。

石橋を渡って東に向かった。西教寺(2)の前を通って雄琴まで歩くつもりが、いつも迷子になる。あまりに誘惑の多い小道が多くて、「この道はどんなん?」と、どんどん脇道にそれてしまう。

整然と区画された新興住宅地の十字路に、突然、お地蔵さまの大群があった。まるで積み重なるように。さあ何体あるのか……一〇〇体はあるだろう。元は山のなかの石地蔵たちが、突然、因幡《いなば》の白ウサギのように裸に剥かれて洋風のしゃれた家々の真ん中で途方にくれている。困惑するお地蔵さまの顔、顔、顔……寄り道をすると、ときどき奇妙なものに出会ってしまう。

比叡山の起伏に富んだ山裾を、山を越え、谷に入り、適当に歩いていると、いつのま

（2）　西教寺：大津市坂本5-13-1　TEL：077-578-0013

にか棚田に入った。農村風景が琵琶湖を見下ろす尾根に広がっていた。果樹園の隅に古い常夜灯が立っている。道の傍にお地蔵さまの祠がある。タンポポの花が揺れている。迷っても迷っても楽しい道だ。立派なおばさんになった今、寄り道や道草を叱る人はいない。大手を振って、寄り道ウォーキングを楽しもう。

さんざん道草を楽しんで、おごと温泉駅に出ると嬉しい足湯が待っている。雄琴駅が「おごと温泉駅」に改名され、駅前に足湯ができた。東屋風の建物のなかに、入れ替わり立ち代り人がやって来る。温泉に足をつけ、指先を開たり閉じたり湯の感触を楽しんでいる。

「長い間よく歩きましたね。でも、まだま歩きますから、これからも頑張ってね」と、自分の足をねぎらって琵琶湖一周を完歩した。

エピローグ

高齢化の時代、健康への関心が高まっている。なかでもウォーキングは、体力的にも個人差に合わせやすく、中高年の間ではブームになっている。二日も三日もかけて歩く大きな大会は、参加者が全国から集まって数万人にも上るらしい。

そんなウォーキングスポットのなかでも、琵琶湖一周はとくにウォーキングに適した場所だ。風光明媚な湖岸、ＪＲが琵琶湖を取り巻いて走っており、交通の便もよい。一周約二二〇キロという距離を一六分割、一〇分割、なかには六分割などというハードな行程のツアー募集がよく行われている。

湖岸を散歩していると、参加人数が数百人という大団体にもときどき出会う。もちろん、友人や夫婦でのんびり歩いている人たちも多い。さまざまなグループが、それぞれの流儀で歩くことを楽しんでいる。

わたしも、切れ切れにはほとんどの場所を歩いているが、改めて一周ということはしたことがない。ブームの尻馬に乗って、道草三昧に歩いてみると意外に楽しかった。最初は友人を誘ったが、日時の打ち合わせをするのが面倒になって後半は一人で歩いた。「一人で楽しい思いをして」と、友人が責める。それなら、報告がてらに紀行文でも書いてお目にかけよう、と書き始めた。

半分ほど書いたところでＮＰＯ法人「たねや近江文庫」の原稿公募を知り、尻切れトンボ防止のためにもと思って目標を応募に絞って書き直した。書き上げてからも、応募してもどうせ落選だろう、無駄な行為はやめておこうなどとかなり後ろ向きの姿勢で応募を迷っていたが、「だめで、もともと」と気を取り直して応募したところ、「最優秀賞」を受賞して出版の運びになった。なんでもチャレンジしてみるものだと、本人が一番あきれている。

紀行文はハイキングクラブの会報誌や雑誌などに何度か掲載されたことがあるが、それは、書き上げた原稿を渡してあとはすべておまかせという「よきに計らえ」状態だった。出版するということはそういうものだと思っていたが、現実はなかなか厳しく、データの再考証や推敲、写真の撮り直しなど、実にさまざまな仕事があるものだと、とまどうことばかりだった。

右も左もわからずオロオロする素人を、株式会社新評論の武市社長や、ＮＰＯ法人「たねや近江文庫」の桂さんにご指導いただき、ようやく出版にこぎつけることができてやっと肩の荷が下りた思いがする。

また、再度、撮影や確認に出かけたときに付き合ってくれた多くの友人たちにも感謝をしている。出版とは、決して一人でできる仕事ではない、ということがよく分かった。

お世話になったみなさまに謝意を捧げます。本当にありがとうございました。

山田のこ

二〇〇九年　二月

「シリーズ近江文庫」刊行のことば

美しいふるさと近江を、さらに深く美しく

海かともまがう巨きな湖。周囲230キロメートル余りに及ぶこの神秘の大湖をほぼ中央にすえ、比叡比良、伊吹の山並み、そして鈴鹿の嶺々がぐるりと周囲を取り囲む特異な地形に抱かれながら近江の国は息づいてきました。そして、このような地形が齎したものなのか、近江は古代よりこの地ならではの独特の風土や歴史、文化が育まれてきました。

明るい蒲生野の台地に遊猟しつつ歌を詠んだ大津京の諸王や群臣たち。束の間、古代最大の内乱といわれる壬申の乱で灰燼と化した近江京。そして、夕映えの湖面に影を落とす廃墟に万葉歌人たちが美しくも荘重な鎮魂歌（レクイエム）を捧げました。

源平の武者が近江の街道にあふれ、山野を駈け巡り蹂躙の限りをつくした戦国武将たちの国盗り合戦の横暴のなかで近江の民衆は粘り強く耐え忍び、生活と我がふるさとを幾世紀にもわたって守ってきました。全国でも稀に見る村落共同体の充実こそが近江の風土や歴史を物語るものであり、近世以降の近江商人の活躍もまた、このような共同体のあり様が大きく影響しているものと思われます。

近江の自然環境は、琵琶湖の水環境と密接な関係を保ちながら、そこに住まいする人々の暮らしとともに長い歴史的時間の流れのなかで創られてきました。美しい里山の生活風景もまた、近江を特徴づけるものと言えます。

いささか大胆で果敢なる試みではありますが、「ＮＰＯ法人　たねや近江文庫」は、このような近江という限られた地域に様々な分野からアプローチを試み、さらに深く追究していくことで現代的意義が発見できるのではないかと考え、広く江湖に提案・提言の機会を設け、親しき近江の語り部としての役割を果たすべく「シリーズ近江文庫」を刊行することにしました。なお、シリーズの表紙を飾る写真は、本シリーズの刊行趣旨にご賛同いただいた滋賀県の写真家である今森光彦氏の作品を毎回掲載させていただくことになりました。この場をお借りして御礼申し上げます。

2007年６月

ＮＰＯ法人　たねや近江文庫

理事長　山本德次

著者紹介

山田のこ（やまだ・のこ）
1946年、群馬県生まれ。
幼いころから花好きの祖父と園芸を楽しんできたが、山野草に関心が移り、花を求めて全国の山野を歩いている。
琵琶湖の風景と花の比良に魅せられ、1997年より大津市在住。

《シリーズ近江文庫》
琵琶湖をめぐるスニーカー
—お気楽ウォーカーのひとりごと—　（検印廃止）

2009年4月10日　初版第1刷発行

著者　山田のこ
発行者　武市一幸

発行所　株式会社 新評論

〒169-0051 東京都新宿区西早稲田3-16-28
電話 03(3202)7391
振替・00160-1-113487

落丁・乱丁はお取り替えします。
定価はカバーに表示してあります。
http://www.shinhyoron.co.jp

印刷　フォレスト
製本　桂川製本
装幀　山田英春
写真　山田のこ
（但し書のあるものは除く）

Printed in Japan
ISBN978-4-7948-0797-7